Confesiones de una
puta cara

Francisco Celis Albán

intermedio

© 2007, Francisco Celis Albán
© 2007, Intermedio Editores, una división de
Círculo de Lectores S.A.

Director editorial
Alberto Ramírez Santos

Editor
Leonardo Archila R.

Diseño y diagramación
Claudia Milena Vargas López

Diseño de carátula
Diego Martínez C.

Producción
Ricardo Iván Zuluaga C.

Licencia de Intermedio Editores Ltda.
para Círculo de Lectores S.A.
Calle 67 Nº 7-35 piso 5º
Bogotá, Colombia
gerencia@intermedioeditores.com.co

ISBN: 978-958-709-590-6
Impresión y encuadernación:
Stilo Impresores ltda.

A B C D E F G H I J

Impreso en Colombia - Printed in Colombia

Índice

Hermosa Venus que el amor presides
y sus deleites y contentos mides,
dando a tus hijos con abiertas manos
en este mundo bienes soberanos:

pues ves lo justo de mi noble intento
déle a mi canto tu favor aliento,
para que sepa el orbe con cuál arte las gentes deberán
solicitarte, cuando entiendan que enseña la voz mía

tan gran ciencia como es la putería.

NICOLÁS FERNÁNDEZ DE MORATÍN.
El arte de las putas.

El arte erótico no es el arte de dar placer para recibir
otro en cambio. El erotismo sublime es la expansión
del propio erotismo y, a un tiempo, la identificación
con el erotismo del otro y la capacidad de tomarlo
para sí.

FRANCESCO ALBERONI.
El erotismo.

Pero, hoy en día, ¿qué entendemos por ramera?
Si se trata de una mujer que obtiene dinero de un
hombre en pago de acostarse con él, debe admitirse
que muchas esposas se han vendido hasta el presente
y, en cambio, más de una prostituta se entrega por
nada cuando le place. La mujer que no tiene en sí el
menor rastro de ramera es, por lo general, tan solo
un plato seco. En cambio, muchas rameras guardan
en alguna parte una veta de femenina generosidad.
¿Por qué, entonces, hay que ser tan categórico?
Existe algo tétrico en toda ley, y sus juicios no tienen
nada que ver con la vida.

D. H. Lawrence.
Pornografía y obscenidad.

Todos, machos y hembras, "saben" que si satisfacen
las preferencias sexuales del sexo opuesto, están
empleando la estrategia más exitosa para transmitir
sus genes a la generación siguiente. Todo un plan de
marketing.

Sebastiá Serrano.
El instinto de la seducción.

A Marina Albán y a Sebastián Celis Pinto.

A Isa.

A todas las putas de alta y baja cama que en el mundo han sido: a "María", a "La Bulto", a "La Lechuza", a "La Car'e'mocho", a "La Pan pelao", a "La Coquera", a "La Costeñita" y a "La Chorro de humo", que hacían las delicias de mi generación.

Buscando un personaje en busca de autor

Hoy el lector puede hallar tres clases de libros sobre erotismo en las librerías: los clásicos que, a la manera del Marqués de Sade, cuentan las crudas aventuras amatorias de los personajes; los puramente teóricos que analizan lo erótico y la sexualidad desde la reflexión y la ciencia, y un género que no es nuevo: los que se presentan con tono de diario o de confesiones de mujeres que cuentan su vida, enmarcada en unos encuentros con sus amantes, de tono intelectualoide y pseudofilosófico.

A todos los encuentro tediosos. A los primeros, por su descriptiva intención, ya fuera de época, de escandalizar mojigatos; a los segundos porque se trata de libros informativos, útiles en términos de consulta pero no de lectura, y a los últimos porque el asunto en sí aparece disfrazado de unas melancólicas reflexiones desde la mujer, frente al género masculino, que, dichas casi 100 años después de Un cuarto propio, de Virginia Wolf, resultan extemporáneas y carentes de originalidad.

El testimonio de Paula O., protagonista de Confesiones de una puta cara, rompe todos estos esquemas.

Se trata de la voz de una mujer que encarna el contexto colombiano de narcotráfico, paramilitarismo y corrupción política y cómo esta combinación ha gestado, como subproducto social, esta forma de prostitución bautizada como "las prepago".

Su narración seduce por su vitalidad y porque no pretende ser oída como una escritora. En su llaneza y autenticidad, sin embargo, revela de manera estremecedora una faceta del ser-mujer-del-común en países no desarrollados.

Hablé con Paula O. por primera vez en abril del 2006 en su apartamento alquilado, que sorprendía por su austeridad, en un exclusivo barrio del norte de Bogotá.

Hermosa, de 37 años, 1,67 de estatura y busto de silicona, marcado acento paisa, quiso saber para qué pretendía entrevistarla.

—¿Sí seré yo el tipo de personaje que anda buscando? —interrogó.

Durante una conversación telefónica preliminar no me había atrevido a planteárselo directamente, pues quien nos puso en contacto, mi prima Jenny, me advirtió que no tenía la certeza absoluta de si ella era lo que en Colombia llamamos "prepago". Era solo una sospecha. "Yo creo que ella es así", me confió.

¿Cómo se le pregunta a una mujer que se acaba de conocer si es puta? Y adónde se apunta la mirada después de semejante interrogante.

Si bien la condición del periodista conlleva un fuero, en alguna medida, semejante al del médico y al del confesor, que permite la intromisión directa en la vida de personas que no conocemos, llevaba una semana preparándome para este momento y aún no tenía la fórmula verbal apropiada.

Para distraer por unos minutos la atención del asunto, después de un breve saludo, le pregunté si tenía un café, para empezar. Caminé por la sala de su casa unos segundos, detallando los muebles y las pocas cosas que estaban a la vista; saludé a su perro tuerto, recogido de la calle, en busca de socorro, y luego fuimos a la cocina a calentar agua para el café en el horno microondas.

—Tú... —un segundo, dos segundos, tres segundos: ya. Me había lanzado irremediablemente al agua— ...¿cobras por tirar*?

Serena, con naturalidad, como si le hubiera preguntado sobre el jacquard del sofá o el diseño de las cortinas, Paula replicó:

—Pues cobrar, lo que se dice cobrar, no.

Oí un tanto aliviado su respuesta. Era la señal que estaba esperando. Pero, a la vez, fue un nuevo y ambiguo punto de partida hacia mis dubitaciones. Más adelante, en mitad de las entrevistas, me permitiría entrever esa otra faceta de su contradictoria personalidad: "Pero es que a mí nadie viene y me tira un cheque por debajo de la puerta todos los meses para pagar mis cuentas".

---

* Algunas palabras propias del lenguaje coloquial colombiano se pondrán en cursiva la primera vez que aparezcan, para que el lector no habituado a ellas pueda buscarlas en el glosario que está en la página 211 (nota del editor).

A todo lo largo de este testimonio, Paula O. no quiere ser vista como una puta corriente. Ni siquiera prefiere que se la trate como una prepago profesional.

Ella defiende su derecho a una libertad sexual con cierto desenfreno, en virtud de la cual recibe dinero, buen dinero —porque sus "tarifas" parten de un poco menos de tres salarios mínimos (aproximadamente US $600)— que le sirven para redondear su presupuesto mensual sin abollar su nivel económico de mujer de estrato alto.

Todo lo cual me hacía pensar, durante las primeras horas de entrevista, que perdía el tiempo, y con él, el norte de este libro, pues, efectivamente, no era la mujer que necesitaba.

El fenómeno de las prepago —estas mujeres que se prostituyen por considerables sumas de dinero sin ser personas menesterosas, sino todo lo contrario: de clase alta— está hoy en pleno auge en Colombia.

Hace poco, con la sorpresiva declaración de la otrora prestigiosa presentadora de noticias colombiana de los años setenta y ochenta, Virginia Vallejo, vinimos a saber que, desde los primeros años del auge del narcotráfico en grande —en los ochentas— el dinero de barones de la droga como Pablo Escobar inauguró su capacidad de seducción y corrupción entre algunas de las más célebres e "inteligentes" figuras de televisión. Por más de una década, estas personalidades devengaron los réditos duplicados de la mafia y del tributo del público.

No fueron las únicas. Políticos destacados, jueces, conocidos sacerdotes, militares y policías, lo más representativo de la institucio-

nalidad y la sociedad también lo hicieron. Cayeron rendidos ante la avasallante fascinación del dinero a manos llenas. En los más remotos villorrios se oyó, infinidad de veces, a cualquier hijo de vecino, e incluso a allegados y familiares, expresando esperanzados y sin recato la ilusión de recibir así fueran las migajas de un fenómeno que creció y creció hasta casi someter al país.

Entonces no se llamaban prepagos. Solo desde comienzos del 2000 esta forma de prostitución cortesana y galante se hizo conocida a través de los medios.

Hoy todo el mundo susurra nombres de modelos, famosas actrices y presentadoras de televisión, y el murmullo a voces es tan abrumador que algunas de ellas corren a hacer aclaraciones sobre su condición moral en entrevistas públicas para los medios de comunicación.

El país entero lo sabe. Ellas saben que todos sabemos. Pero, como con el narcotráfico en el pasado, hacemos la vista gorda ante la barrera de su fama, de su encanto, su "decencia" y su dinero.

Hoy este tipo de prostitución se ejerce como una decisión profesional, institucionalizada y legalizada desde los más altos sectores de la sociedad.

Hace un tiempo se habla de que el país se está "traquetizando", para significar no sólo que el dinero "oscuro" permeó todos los círculos sociales y económicos, sino que pequeños capos de dinero contante y sonante y gustos refulgentes se atreven a rondar por los bares, las discotecas y los restaurantes de élite. Pero nadie se atreve a preguntarles por su condición bruscamente, como tuve que hacerlo aquella mañana de abril del 2006. Sería de pésimo recibo.

En las páginas de los diarios colombianos se venden desde mediados de los noventa con el nombre edulcorado de escorts, que ponen las llamadas agencias, empresas formalizadas de prostitución que operan a la luz pública, sin rubores.

Hoy es una actividad que, como su nombre lo sugiere, está ligada a la popularización del teléfono celular. Prepago es el nombre que las compañías de teléfonos móviles dieron, hace escasos 10 años, al sistema de tarjetas cuyo precio el cliente elige y que se cancelan de manera previa a su uso. En Estados Unidos, donde desde siempre han existido, se las denominó acertadamente call-girls. El teléfono celular las liberó, como gremio, de las agencias y de proxenetas que las sobreexplotaban, aunque aún siguen haciéndolo, al quitarles porcentajes superiores al 50 por ciento de sus tarifas. El celular las eleva de empleadas a microempresarias que gerencian a su antojo su propia "fuerza de trabajo" y les otorga una privacidad sin límites al desarrollo de su economía subterránea.

El fenómeno por sí mismo no tiene nada nuevo. Lo novedoso en Colombia es el nombre, prepagos, que hace referencia expresamente a la cuestión monetaria que se arregla, por lo general, anticipada y telefónicamente. Puta puede resultar una palabra hiriente, de carga moral. Prostituta implica un matiz de corrupción, de degradamiento. Sus servicios, cuando se contratan a través de agencias, pueden, además, ser cancelados con tarjeta de crédito, como un simple teléfono móvil. Además, la palabra prepago no remueve asuntos morales. Parecería simple cuestión de tecnología.

Las prepago, hasta donde se conoce el fenómeno, ocupan a una franja de mujeres que va desde la joven estudiante universitaria que se paga el semestre con el producto de su cuerpo, hasta las profesionales del mundo de la farándula ya mencionadas.

En el rubro de las jóvenes universitarias, se habla de tarifas que parten desde unos 250 mil o 300 mil pesos (entre US $100 y US $150, un poco más de medio salario mínimo mensual), luego salta a medio millón (más de un salario mínimo mensual) y por lo general se llega hasta 800 mil pesos (US $400), cuando se trata de mujeres muy jóvenes y bellas.

Ese es el grueso del gremio. De un millón en adelante ganan las más selectas, como es el caso de Paula O., llegando hasta cinco millones de pesos por una noche.

Pero si hablamos de gente de la farándula, las cifras se disparan. Paula O. habla, sin mencionar su nombre, de una famosa modelo de almanaques de taller de mecánica a quien le ofrecían ¡10 mil dólares! Se habla de neobarones de la droga de bajo perfil o jóvenes paramilitares urbanos que pagan con carros o apartamentos a sus preferidas. El negocio, es obvio, maneja montos difíciles de cuantificar, por lo subterráneo y por su extensión cada vez mayor en la sociedad.

El testimonio de Paula O. resultó ser pertinente, cautivante, y eficaz como ejemplo, mucho más de lo que mi prima y yo pudimos imaginar.

Ella propuso hablar con su propio nombre, pues quería dar a conocer así una nueva forma de ser de algunas colombianas, para quienes la práctica del sexo está muy lejos de los imperativos de cualquier confesión religiosa, pese a que, curiosamente, muchas son creyentes católicas o de otras religiones. Luego lo pensó mejor y me pidió aparecer aquí bajo un pseudónimo.

De sorpresa en sorpresa, como en una especie de excursión por la espiral danteana de la divina Comedia o a través del país de maravillas de Alicia, Paula O. me condujo por un mundo que tardé un buen tiempo en digerir del todo, un mundo que resulta muy difícil de dilucidar, y aún más de juzgar con atino.

Su voz y su testimonio han sido respetados aquí en su esencia, pese a que he recreado el asunto imprimiéndole unos ascensos y descensos de la intensidad y, en fin, un montaje que lo haga apasionante, como resultó para mí el descubrirla.

En ese sentido, admito que esta es mi Paula O., la que reinventé con mis interrogantes. Muchos aspectos que dejé de preguntar, por ignorancia o por deficiencia, por la intención de llevar la historia hacia un punto preferido por mi modo de comprender lo literario, seguramente habrían podido dar como resultado otra Paula O.

He dado algunos retoques para eludir las huellas de personajes que, como ella misma, andan por ahí.

Paula O. continúa viviendo en Bogotá. Usted puede cruzársela en los pasillos de un centro comercial o puede estar haciendo fila detrás de ella en la caja de un supermercado, o ella puede ser esa mujer atractiva que va a su lado en el ascensor, o tal vez sea esa que usted ve por la ventanilla de un Mercedes Benz, mientras aguardan a que cambie el semáforo.

Paula O. presenta su "marco teórico"

No sé si en nuestras conversaciones hemos hablado del fondo del asunto. Quiero decir, qué pasa en mi vida, que permite que no sienta ninguna inhibición haciendo las cosas que hago o con la forma como manejo mi vida.

Trato de buscarle varias explicaciones, porque es raro que una persona como yo, criada bien, con muchos principios y valores —que irónicamente conservo y hacen que mi vida, en lo práctico, sea organizada y estable—, por otro lado sea tan liberada de pensamiento y no le vea problema a esta vida de obtener ocasionalmente beneficios materiales a cambio de sexo y diversión.

Aunque no sea el tema central de mi vida, también porque así lo escogí (me imagino que en busca de un equilibrio psicológico), muy en lo profundo de mi ser creo que todo esto está relacionado con la soledad que siento, ya que nunca he sido de muchos amigos.

No me interesa compartir con mucha gente, pues creo que para pasar el rato está bien que sea con muchas personas, pero ya para darles cabida en tu vida y de alguna forma entregarles tu corazón y tu cabeza sería inútil, porque el común de la gente no logra comprender muchas cosas que tienen un sentido más allá de lo que logran ver sus ojos y oír sus oídos, y estar en el plan de tratar de explicarles o hacerles entender por qué uno piensa o actúa de cierta forma es para mí perder el tiempo.

Cuando estoy en medio de una de estas situaciones de rumba-plata-sexo-placer hago lo que quiero, nadie me juzga. Por supuesto, nadie en esas situaciones está en el derecho moral para decir nada, y para mí es una vía de escape a emociones de mi interior. La plata o el beneficio material, el que sea, son un plus a algo que me desfoga la cabeza y el alma. ¡En serio! Suena raro, ¿verdad? Una situación de desorden que de alguna forma te sirva para aliviarte el espíritu. Es raro.

También es la vía para liberar la frustración de pensar que me considero un buen ser humano, una mujer especial, de verdad más especial que el promedio (uno reconoce dónde está ubicado dentro del mercado femenino), porque tengo sentimientos buenos, porque tengo mucho que entregar a nivel emocional, porque sé que cuando alguien está a mi lado se siente feliz y le aporto mucho a su vida, porque soy lo que la gente llama bonita y *buena* —a mí esa parte no me interesa mucho— y, en fin, una mujerota más linda por dentro que por fuera. Y la frustración constante es desear con todo el corazón tener un sentido de pertenencia con alguien y con algo, porque estoy cansada de vivir sola, cansada de tanta libertad y de que nadie me diga nada, ni bueno ni malo, aburrida de trabajar para mí sin ninguna otra motivación más que yo misma, que con el tiempo ya se desvaneció.

Porque uno ve muchas mujeres normales, nada especiales, con unas vidas muy chéveres, organizadas, con personas a su lado que las quieren, valoran, respetan y que han armado un proyecto de vida juntos, y ahí es cuando me pregunto, dónde está la justicia de la vida, ¿por qué una persona como yo no ha podido conseguir eso? ¿Será precisamente ser tantas cosas tan buenas y tan poco comunes lo que les da miedo a los hombres?

No es que yo diga que estar casado o vivir en pareja sea la situación ideal; hay mucha gente que lo está y es absolutamente infeliz, pero yo sé que si tuviera la oportunidad de hacerlo y con una persona adecuada podrían funcionar muy bien las cosas. He logrado, de pronto, con la experiencia, acumular algo de madurez o preparación para enfrentar una situación así y ser feliz con alguien.

Pensar en eso me da mucha rabia, tristeza, me hace sentir que no valgo mucho y ¡qué carajo! Ya que no tengo en la vida lo que quiero, ¡qué importa hacer locuras! Al fin y al cabo a nadie le importa mi vida, si estoy o no estoy.

Entre más juiciosas, más buena-gente, chéveres y comprensivas somos, menos buenos hombres conseguimos. Y uno ve, porque es cierto, que a los hombres les encantan las manipuladoras, las llenas de problemas, las *jodonas*, las *pone-cachos*, las que han sido el diablo y con su carita de yo no fui convencen. No saben los *paquetes chilenos* que se llevan. Pero así es la vida de irónica.

Entonces eso me da mucha rabia, porque si no lo valoran a uno que es bueno en esencia, pues seamos terribles y desordenémonos, que al fin y al cabo qué importa.

El mundo y Colombia en particular están llenos de hombres que perdieron el respeto por la mujer. Claro, también es culpa de las mujeres que se han vuelto muy putas. Digo esto queriendo decir mucho más que algo relacionado con el cuerpo: están *putiadas* en la cabeza y en el corazón; no se valoran; permiten que las maltraten, que las irrespeten en todos los sentidos, que les pongan cachos sin importar si se dan cuenta o no. Finalmente, porque se regalan por un plato de lentejas. Eso es todo lo que les importa. Y por tener un macho —me refiero solo al género— que les ronque al oído, sin importar si es bueno, malo, bonito, feo, justo, grosero o un príncipe. Tan solo tener alguien al lado, así toque aguantarse lo que sea. Eso sí es putiarse de verdad, no vivir tranquila ni ser feliz y estar en esa situación. Uno se da cuenta porque muchos de los amigos de esta historia que voy a contar son hombres casados o comprometidísimos con sus novias para casarse, y ellas saben que se les pierden, y aparecen al otro día vueltos nada, trasnochados, *culiados* hasta por las orejas, *enguayabados*, drogados y con *cara de ponqué*, pero ellas prefieren quedarse calladas, porque ahí está el futuro asegurado.

Al fin y al cabo, esa es la naturaleza del ser humano, ellos vuelven a sus casitas con su mujercita y la siguen queriendo igual, pero está claro que la diversión de verdad está por fuera, tanto para hombres como para mujeres. Lo cual no tiene nada de malo si uno pone en la balanza las cosas y la balanza se inclina a favor de uno. Solo cada persona sabe qué es importante para ella. Pero lo tenaz está en que uno se aguante esas situaciones y la balanza esté muy por debajo de tu beneficio (todo en la vida es costo-beneficio), pues, mientras uno obtenga lo que quiere no importa lo que toque hacer y lo que toque aguantarse.

Pero las mujeres sí deberían hacerse rogar más para que se las coman: es lo único que ellos quieren. Que les cueste más trabajo. Porque ahora ellos ya no quieren hacer ningún esfuerzo, porque ya no tienen necesidad.

Y después hay mujeres que se están quejando de que ellos no son detallistas ni amorosos. Ahí tienen, ¡por bobas y *regaladas*! Esto va para las mujeres en general: ponerse en su puesto y hacerse desear un poco más.

Entonces, como no hay por ahí mucho hombrecito inteligente y sabio para saber lo que quiere de la vida y valorar, y como sabemos que ellos solo quieren una cosa de nosotras y la vida está muy cara y hay muchos gastos, pues que giren, y que les cueste de alguna forma lo que quieren tener. Porque nosotras, los buenos polvos (eso es más cerebro que cualquier cosa), no somos fáciles de obtener. Yo sé que, en parte, esta forma de actuar suena a una venganza. Pues sí. Lo que es claro es que no siento ningún remordimiento por llevar mi vida como la llevo, ni me produce ansiedad saber que voy a alguna rumba de aquellas y que existe una motivación más de adentro que externa para hacer lo que hago.

No se necesita haber crecido en medio de un ambiente sórdido, sin principios, sin padres, en la pobreza o en el maltrato, para que uno actúe en contravía de lo que socialmente es aceptado. Si uno se va a portar bien en la vida, lo hace y no importa en qué familia haya nacido ni lo que le hayan dicho. No soy, por lo tanto, ninguna víctima de nada ni de nadie. Al contrario, con la libertad más absoluta y a conciencia, puedo decir que soy la autora de cada página de mi propia existencia, y que la he escogido.

Una niñita voluntariosa y contestona

Mi infancia fue la de una niña normal, en un matrimonio normal. Nací en Pereira, por casualidad, porque mi familia no es de Pereira, aunque sí son paisas. Por eso pienso que esa fama de putas que se les atribuye a las mujeres pereiranas no me toca a mí. Lo mío es diferente. Mi papá es de Armenia; mi mamá, de Pensilvania (Caldas). Soy hija única de este matrimonio. Mi mamá se había casado una vez antes y de ese matrimonio tenía a mi hermana. Mi papá, un súper *perro*, también tuvo una hija, la mayor. Para mi fortuna yo nunca viví con ellas. Crecí en el hogar de mis padres como hija única. La niña consentida. No podría decir que me daban lo que pidiera, pero jamás me mezquinaron nada.

Yo era muy, pero muy apegada a mi papá que, debo reconocerlo, me malcrió. Y de lo mismo malcriada, lo lógico era que me criara con un temperamento de niña antipática. Me chocaba que la gente fuera a hacer visitas a la casa. La gente me fastidiaba. Para completar, papá era bastante fiestero y por eso había siempre demasiada gente en la casa, todo el tiempo. Sentía que me invadían el espacio y como siempre he sido sola y disfruto con eso, entonces era lo que las mamás llaman una muchachita mala clase, voluntariosa y *contestona*.

Pero nunca di guerra para nada más. No fui ni callejera ni de fiestas ni de trago ni de cigarrillo. Porque vivía saturada de rumbas en mi casa, las fiestas las tenía ahí sin ningún problema. Mis papás jamás me dijeron: "No se vaya a tomar un trago. No vaya a ir a una fiesta". Nooo. Antes me decían: "Vaya a una fiesta con los amigos". Y como mi mamá fumaba, tampoco me dijeron nunca: "¡No vaya a fumar!". Eso estuvo bien porque nunca me crearon una curiosidad excesiva por ninguna de esas cosas. A eso le atribuyo el no haber sido nunca ni fiestera ni rumbera. Antes por el contrario, yo era una niña como tranquila.

En el colegio fui una estudiante promedio. Ni la mejor ni la peor, pero admito que me daba una pereza infinita estudiar. He tenido problemas de concentración toda la vida, entonces estudiar por obligación lo que me tocara no me llamaba para nada la atención.

En el colegio no fui indisciplinada ni hice ninguna de esas cosas típicas de las muchachitas de mi edad, como volarse. Sí conversaba en clase y *jodía* mucho y mamaba gallo. Pero no pertenecía a esos grupos específicos que se forman, sino que hablaba con todo el mundo. Me iba bien con la mayoría de muchachos y muchachas. Me gustaban todas las materias que tenían que ver con humanidades: inglés, español, filosofía... En cambio, era malísima para los números. ¡Me dan una jartera! No me gustan.

En esa época yo soñaba con ser relacionista pública. Después, me encantaba la idea de estudiar relaciones internacionales y diplomacia. Finalmente no lo hice porque no estudié acá en Colombia. Viví en Australia y resulté estudiando Mercadeo en el *college*, pero más por estudiar algo, pues no tenía muy claro en ese momento qué quería, pero sí me llamaba la atención que fuera una carrera relacionada con la gente.

«Este es el baño y tú te tienes que desvestir»

Mi relación con el sexo opuesto comenzó desde pequeña. A los cuatro años apercollaba a un noviecito que tenía y como a los cinco me daba besos con los novios. Íbamos con mi mamá de visita a la casa de una vecina que tenía un niño y, cuando ya nos íbamos a ir, nos metíamos debajo de la cama y ahí nos dábamos besos. Era una sensación como de saliva tibia en la boca, pero quizás no una experiencia sexual propiamente dicha. Como particularidad, recuerdo que siempre me persiguieron los niños más grandes. Me acuerdo que en Pereira un pelado ya crecidito me metió a un clóset.

—Bueno —creo que me dijo—, este es el baño y tú te tienes que desvestir.

No le hice caso. Yo estaba sentada en el suelo y él se acomodó también a observarme entre las piernas;

estiró la mano con cuidado, me hizo a un lado los calzones y me tocó. Digamos que se untó la punta de los dedos en mis labios. Luego se llevó los dedos a la nariz y los olfateó. En ese momento llegó mi mamá y me sacó de un tirón y me llevó para la casa, sin que yo supiera muy bien por qué.

Fue aquí en Bogotá, no sé cuántos años tendría, tal vez siete, cuando tuve la curiosidad de bajarle los pantalones a un niño. Tengo la imagen de que estábamos varios niños molestándolo, pero no tengo claro si se los bajé o no o si le miré el pipí. Ya grandecita, como a los diez, iba a ver televisión a la casa de un amiguito y recuerdo que nos cogíamos la mano. Tuve otro niño que también me perseguía por esa época para darme besos. Porque así como no fui ni fiestera ni viciosa, sí fui noviera. Todos los novios del mundo los he tenido yo. Muchos. Me aburría uno y le terminaba y me *cuadraba* con otro.

Diría que mi sexualidad comenzó a surgir bien temprano, a eso de los 12 ó 13 años. Paradójicamente lo que más recuerdo de ese despertar, como un dato muy marcado de mi infancia, aunque con un sentimiento confuso, es que yo oía a mi papá hacer el amor con mi mamá y eso me producía ira.

Yo era muy apegada a él. Consideraba que él era como mío. Creo que, de alguna forma imprecisa, algo incomprensible de aquella situación desconocida se introducía en mi corazón, sin poder hacer en mi mente de niña una idea clara de lo que estaba pasando.

Entonces yo me hacía que me caía de la cama y lloraba y gritaba para llamar la atención, sin duda con la intención deliberada de interrumpirlos y que él viniera a verme, porque me daba mucha rabia.

Con el tiempo me di cuenta de manera más precisa, porque era impresionante el ruidoso trajín nocturno, de que mi papá era sexualmente muy activo. Yo toda la vida los oí tirar y eso me tenía muy afectada. Creo que toda la rebeldía que presenté de adolescente, de respondona, fue debida a eso. Que llegara la noche, era sinónimo de que los oiría hacer el amor. Medio oía esa cama por allá traquear y ya me fastidiaba. Yo creo que sí me excitaba. No estoy tan segura. No llegué a masturbarme oyéndolos, pero sí me acuerdo que me latía el corazón súper rápido, sin entender lo que pasaba, porque estaba chiquita. Pero más que cualquier cosa me producía desagrado y mucha rabia eso. Pero lo peor es que comencé a detestar irracionalmente a mi mamá por esa razón.

¿Cómo no iba a odiarla si era la rival que cada noche me robaba a mi papá? Y así fue hasta los 18 años, cuando se separaron.

«A los 13 me di cuenta de que estaba como más grande»

Tal vez antes empecé a masturbarme, pero fue como a los 12 ó 13 años que recuerdo haberme dedicado a hacerlo con más frecuencia. Cada mujer descubre, con el tiempo, cuál es la manera más cómoda de hacerlo para su cuerpo. Mi forma de masturbarme es con las piernas cruzadas. Supongo que al hacerme tanta presión el flujo sanguíneo me baja hacia el sexo. Obviamente, no es que solo con cruzar las piernas tenga un orgasmo, sino que me toco con movimientos a veces circulares, o hacia arriba y hacia abajo, hasta que estallo. Mi punto de excitación está concentrado en el clítoris, aunque los labios y el interior de la vagina también me generan placer. Es algo como un ardor o una comezón que uno se siente forzado a estimular.

A los 13 comencé a ser consciente de mi cuerpo, de que me empezaba a salir vello en el pubis y las axilas y a asomar, como algo ajeno que se proyectaba desde mi pecho, unos pequeños senos. Creo que todas las mujeres cuando somos niñas nos sentimos incómodas y un tanto avergonzadas por ese extraño acontecimiento. Como a los 13 me di cuenta de que estaba más grande. Me desarrollé prematuramente: era caderona y de nalgas prominentes. Entonces, sin darle mucha importancia, veía que los niños se fijaban en eso.

Yo nunca he pensado en mi cuerpo como diciendo: "¡Uy, estoy buenísima! Me voy a vestir así y a caminar así". No, porque me incomoda mucho que me miren y evito llamar la atención. Nunca he echado mano del aspecto físico para sacar provecho de nada. Pero sí me daba cuenta porque los muchachos me decían: "Tan linda".

Esos besos eternos

Antes, como a los 12, tenía los amiguitos y las cosas transcurrían en una atmósfera como de "qué rico todo", pero a los 13 comencé a tener el tipo de experiencias que contenían algo que ya se acercaba a los juegos sexuales. Fue una situación relacionada con mi primer novio, que me llevaba tres años. Con él nos dimos los primeros besos apasionados, esos besos eternos en los que uno se toca con la lengua hasta las amígdalas.

Pasaron unos buenos meses antes de que hubiera insinuación de tocarnos. Es que con los besos de esa época uno sentía todo y tenía todo. Uno sentía cosas muy ricas y por eso los besos eran interminables. Pero no nos acariciábamos los genitales. Ese fue el primer momento de las sensaciones más cercanas a lo sexual.

Siempre era muy apasionado todo. En el momento del beso uno se acariciaba la cara y se cogía de las manos.

Casi era como decirse muchas cosas con solo un apretón de manos. Era un juego tan intenso que equivalía más o menos a lo que hoy en día es la *bluyiniada*, ese roce de los genitales a través de la ropa que es tan excitante. Los muchachos en aquella época tampoco eran tan atrevidos como para mandarte la mano, cogerte las tetas o algo así. Uno sentía muchas cosas, pero era más medido, como más contenido.

«Tenía muchos novios, pero no me los comía»

No sé cuántos novios tuve. Sé que fueron muchos, pero no me los comía. Para mí, en aquel entonces, eso no tenía trascendencia. Yo nunca he sido de esas de noviazgos trágicos y de enamorarse perdidamente y sufrir, más bien era de las que los botaba a ellos.

A los 17 llegó por fin mi primera relación sexual con un novio que tenía ya hacía tiempito. Se dio la oportunidad y tome: la ocasión hace al ladrón. No fue algo planeado, como que él me dijera: "Ven, dámelo", no.

Recuerdo que mi papá me decía:

—Ay, ¡cómo le tiene de paciencia ese muchacho!

—Ven, vamos a tal parte —me decía. Y yo:

—No quiero.

No me gustaba salir. No me gusta todavía, me da como ansiedad. Una vez nos fuimos a dar una vuelta con él y con un amigo de él y terminamos en la casa de la hermana de mi novio, que estaba sola. Imagino que todo fue programado por ellos, pero parecía muy natural. Y terminamos tirando en el cuarto de la muchacha de servicio, aunque con mucho susto.

La experiencia de la primera vez no fue la gran cosa. No me dolió, no sentí nada. Pero fue chévere descubrir a plenitud lo que es el interactuar de la piel. Ese ha sido un rasgo fundamental de mi concepción sobre el sexo, el tema de la piel: rozarte, acariciar y que te acaricien, sentir a otro ser vivo ahí afuera vibrando porque te toca, te recorre con sus dedos, te cubre con su propia piel, con su lengua, es a mi modo de ver lo más importante. En cambio la penetración no es para mí nada del otro mundo. Me parece excitante el preámbulo y toda la pasión envuelta en esto, la emoción y el miedo de la primera vez. Y creo que ese primer encuentro fue eso.

La separación de papá y mamá

A pesar de que yo no era hija única —pues tenía una hermana mayor, hija de mi mamá, que nos visitaba de vez en cuando, y otra hermana por parte de papá—, el hecho de que mi papá fuera tan mujeriego me afectó.

Pero lo que más me cambió la vida fue la separación de mis padres, porque me tocó entrar en el mundo real a las malas. Yo había comenzado a trabajar a los 18, cuando salí de bachillerato, porque mi papá y mi mamá estaban separándose y, en medio de semejante circunstancia, ninguno se acordó de preguntarme qué va a estudiar o qué va a hacer. Nada.

Entonces entré a trabajar a la empresa de cartografía del esposo de una tía mía, como recepcionista-secretaria. *Camellaba* durísimo, el jefe era súper severo pero fue muy bueno, porque el trabajo y la exigencia dura lo forman a uno.

Papá se fue y yo me quedé viviendo con mi mamá. Y, obviamente, tuvimos problemas porque éramos un par de desconocidas. Con ella no habíamos sido ni amigas ni interactuábamos ni nada de esas cosas. Para mí, mi mamá era un ser desapacible, que no era el lado divertido de nada y no hablaba.

Mi hermana, la hija de ella, había quedado embarazada a los 18 años, entonces mamá lo único que me decía todo el tiempo era:

—Cuidado va a meter las patas.

Todo ese discurso que las mamás le dicen a uno.

La relación con ella era tortuosa. De alguna forma creo que mamá sentía celos de mí, porque yo era tremendamente apegada a mi papá; yo me iba con él a su trabajo o nos íbamos para cine. Y también yo sentía celos de ella.

¡Cómo es la vida! Resultamos viviendo las dos. Parte de los problemas comenzaron porque mi mamá empezó a salir, a tomar licor, a tener novios y a vivir situaciones que yo sentía que no eran las más adecuadas. Salía con mis primas y con mis tías y regresaba ebria, siendo que mi mamá nunca había tomado. No sabía manejar el trago y llegaba a vomitar y a mí me tocaba lidiarle la borrachera.

Eso no importaba tanto, pero el colmo era que uno veía que se la estaban *marraneando*. Se consiguió un tipo del barrio, más joven que ella. Y yo le empecé a encontrar desprendibles de las cuentas que pagaba con la tarjeta de crédito. Y cuando le preguntaba, me decía:

—No. Es que fuimos con... a comer y a él se le quedó la billetera.

Y yo:

—¡Aaaah!

Así fue como empezamos a tener problemas por el loquito. Una vez yo llegué con mi novio a la casa y tuvimos un encontrón con él, porque estaba dormido en el sofá. Y le pregunté a mi mamá:

—¿Este tipo qué hace aquí?

—Es que salimos y se tomó unos traguitos, entonces se recostó como para que le pase un poquito la maluquera y eso —me respondió.

Bajé y le dije al tipo:

—Mirá, me hacés el favor y te vas, que nosotros ya nos vamos a acostar a dormir.

—Ah, pues es que esta es la casa de su mamá y ella me dejó quedar aquí —me respondió, pensando que con eso me iba a callar.

Como yo soy agresiva y furiosa, lo agarré por el cuello de la camisa y le dije:

—Me hace el favor y se va ya. Este no es dormidero de nadie. ¡Cómo así!

Como iba con mi novio y otros amigos, cuando vieron que estaba arrastrando al tipo de la camisa me ayudaron. El tipo había dejado el carro a la entrada de la casa y hasta allá lo llevé y lo tiré sobre el capó.

—¡Lárguese, hijueputa! —le dije.

Y mi mamá histérica:

—Es que usted no me deja vivir ni hacer mi vida, ¡váyase de mi casa!

Se fue a hacer unas vueltas y cuando volvió yo había empacado todas mis cosas: los muebles del cuarto, el televisor, la ropa y chao, me fui de la casa a los 19 años. De ahí empecé a vivir mi propia vida y fue como muy a los golpes. Sin sufrir demasiado, sin comer mucha mierda, sin ser la cosa muy trágica, pero sí debí afrontar una vida sola.

Me fui adonde unos amigos de mi novio de esa época, que eran una pareja de casados, y estuve allá unos meses.

Luego, a mi novio le ofrecieron un trabajo en Australia.

—¿Tú te quieres ir conmigo? —me preguntó.

Yo había renunciado hacía poco a un empleo y me pareció fácil y chévere la idea de viajar a otro país y le dije: "Bueno, listo".

Me fui a vivir con él, nos casamos y como al año nos fuimos para Australia.

«Nada me escandaliza»

Hoy, que tengo una relación chévere con mi mamá, y que la quiero, me doy cuenta de que tengo muchas cosas en mi personalidad que son heredadas de ella, pero tal vez más de mi papá.

En el plano sexual, a pesar de toda esa rabia infantil que me daba el oír a mi papá fornicando con mi mamá, creo he madurado con una sexualidad muy sana. Quiero decir, sin tabúes, sin mitos, sin reservas, sin absolutamente nada de complejos, porque nada me escandaliza.

Soy muy apasionada y eso también debe ser herencia de él, porque de mi mamá no. Yo creo que ella sí tiene sus taras y sus remilgos relacionados con el sexo. Es un asunto que le da como *jartera*. Dice que es un tema "nada que ver", que no la afecta. Pobrecita, quizás tenga razón, porque creo que su encuentro con el sexo fue traumático. Así que, mirando hacia atrás, esa separación de ellos dos sí ha tenido consecuencias en mi vida y en lo que soy hoy.

Es muy paradójico que uno termina chocando con los padres porque se da cuenta de que, inevitablemente, tiene muchas cosas de la personalidad de ellos. Creo que tengo lo bueno de ellos. Y lo malo, no sé. Imagino que también. Por ejemplo, mi papá es una persona muy comprensiva. Ambos son de muy fácil vivir. Mi mamá tiene una cosa admirable y es que ella no sufre por nada ni se mortifica por nada. Si no, ¡cómo podría haber vivido veintipico de años con un hombre que sabía que era perro! Me gustaría más ser como ellos.

Yo nunca percibí eso en el hogar, en mi casa nunca hubo escándalos de celos ni nada parecido. Solo fue cuando ya se estaban separando que me vine a enterar de lo que estaba pasando. Porque mi mamá celosa no es. Tiene una buena posición ante la vida, no se subestima ni se siente por debajo de nadie.

¿Qué pudo haber pasado? Me imagino que después de tantos años mamá se cansó de las diabluras de mi papá o vio que las mujeres con las que él andaba se le *metieron* muy *al rancho*; entonces fue cuando vinieron los problemas.

Mi mamá es una persona de carácter muy fuerte y yo creo que eso lo heredé. Es una mujer tremendamente emprendedora con los negocios, muy activa en ese aspecto. Pero, curiosamente, en el fondo es una persona tranquila, que no grita mucho, que no hace aspaviento de nada. En cambio yo soy agresiva, iracunda y alegona. Y sí, reconozco que me gustaría ser más como ella.

Ambos son muy tranquilos. Mi papá era un bacán, buen padre, buen marido, era súper chévere vivir con él. Tenía ese defecto de que era mujeriego, pero ella no sufría con eso. Mi papá por ejemplo nunca habla mal de nadie. Una persona puede ser lo más "puerco" del planeta, sin moral o sin principios, y él oye que alguien lanza una crítica, y siempre dice: "¡No, ese es un señorazo, cómo se te ocurre!".

Es dicharachero, encantador y buen "enredador", no en el mal sentido, porque es una persona honesta y buena. Me hubiera gustado ser más como ellos, vive uno más fácil así.

Eso es lo que heredé de ellos en cuanto a la personalidad.

De mi papá recibí conceptos de vida en general. Él es como muy bobo en muchas cosas, pero es buena gente.

Después de que papá y mamá se separaron, él se fue a vivir con una mujer que lo había perseguido toda la vida. Habían tenido su romance intermitente y le jodió la vida a mi mamá desde siempre. Terminó casándose con ella, vivieron como diez años, tuvieron un hijo, a ella le dio cáncer y se murió hace cinco años.

A mi papá la vida con ella le supo a "fo", porque mi mamá no jodía para nada, y en cambio esta señora... Mi papá había tomado trago toda la vida; ella lo conoció bebiendo; incluso, tomaban juntos. Y cuando se casó con él entonces dizque ya no le gustaba.

Muy jarta la señora. Ella solita sufrió porque él era así. Y estando enferma ella, mi papá ya tenía su noviecita. Me imagino que con esa vieja tan *perecosa* mi papá se dio cuenta de que se había metido con una mujer que era el polo opuesto a mi mamá. El tipo creo que se arrepintió toda la vida de haberse separado, pero ya para qué.

«Mi ex marido, un tipo bohemio»

Mi marido era un hombre chévere. Nosotros no terminamos por ninguna causa grave. Yo tenía 19 y él 27. Duramos dos años casados. Lo que ocurrió es que nos fuimos a vivir a Australia, él y yo solos, y de entrada me dio durísimo moverme a otro país.

Llegamos a una ciudad intermedia de Australia. Era un tipo tranquilo, bohemio, tal vez por eso no cuadramos; con gustos de la vida y personalidades totalmente diferentes. Fue una cuestión como coyuntural, éramos novios pero no los súper novios, y más bien fue un asunto de "venga nos casamos" y yo no le vi problema.

Llegamos sin un peso. Al otro día él empezó a trabajar en una empresa de cartografía. Íbamos organizando el apartamento, comprando el carro, las cositas. Yo me iba a estudiar inglés y mantenía una vida como charra. Hablaba con frecuencia con mis amigas en Colombia y todas estaban en el plan de ir a la universidad y vivir esa época. Eso hacía que me preguntara: "¿Y yo qué hago aquí casada, en este cuento del hogar? ¡Qué pereza!" No pasaba nada interesante y como nuestros gustos eran totalmente dispares, entonces él ya me dejó de gustar.

La diferencia entre los dos era todo. La música, la forma de ver la vida, de vestir, de actuar, y llegó un momento en que yo lloraba todos los días. Me hacía falta mi mamá, que estaba en proceso de irse para Australia, pues yo le estaba tramitando los papeles, y yo ya no quería como nada con él. Me parecía un tipo aburridor.

Por consiguiente, yo no accedía a tener sexo con él. Y él se ponía histérico porque no se lo daba. Yo oía que por allá se metía al baño y les daba puños a las paredes. Pero, ¿pues qué? Si no me provocaba. Yo no hago nada por obligación. Eso llegó a un punto insostenible. Después de que terminé el curso de inglés, entré a trabajar en un almacén de ropa para gente joven. Luego nos movimos para una ciudad más grande y allá empecé trabajando en una boutique, y después me fui a trabajar a una especie de hotel donde solo vivía gente de la tercera edad, con muchas comodidades. Era mesera, me pagaban muy bien.

Al año y pico me gané un viaje a Colombia, de vacaciones, y mi esposo dijo que no, que él no iba a venir. Pero a última hora dijo:

—Yo también voy.

—Como llevamos tanto tiempo sin venir, tú pasas Navidad con tu familia y yo con la mía —le dije.

Porque con la familia de él habíamos tenido problemas antes de irnos para Australia. Una gente a la que yo les parecía muy antipática. Y así fue. Yo estaba en Medellín con mi mamá y mi familia; mi mamá se había devuelto ya de Australia unos días antes, cuando me llamó la mamá de mi ex:

—Oiga, que se venga a firmar los papeles, que mi hijo se quiere separar de usted.

—¿Que qué? —le respondí.

Pues con todo y que la situación no era la ideal, yo no había albergado siquiera la posibilidad de separarme de él. Así que me fui y le pregunté:

—¿Y a usted qué le dio?

—No, pues es que tú a mí no me quieres. No quieres pasar la Navidad conmigo —me contestó.

—¿Pero de dónde sacas eso? Pues obviamente no paso vacaciones con tu familia porque yo les caigo gorda. Y con mi familia vamos a pasar Navidad en Medellín.

Como insistió e insistió en el tema de la separación y entonces yo le respondí: "Ah, ¿sí? Ah, listo".

Me vine de Medellín, llegamos, firmé los papeles de la separación, fuimos a almorzar y él se puso a llorar. Y le dije, furiosa:

—Ah, entonces al fin qué, mijo. ¡Esas decisiones! A lo hecho, pecho. Asúmelo. Uno cómo va sugiriendo que se va a separar de una persona porque sí.

Después me enteré de que fue la mamá de él quien estuvo todo el tiempo detrás de esa separación, y la que debió decirle: "Claro, mijito, ella no vino a pasar Navidad con usted. Esa muchacha no lo quiere".

Vieja estúpida, mandó al pobre hombre a comer mierda durante quince años que hemos estado separados. Porque el tipo no se ha vuelto a casar. Y yo he sabido que él sufrió mucho, mucho, mucho.

Nos separamos, yo me quedé acá en Colombia casi los seis meses que podía estar. Se suponía que íbamos a volver y todo, pero en ese tiempo que duré acá, en las vacaciones, conocí a un hombre súper chévere, del mismo signo mío. Yo he tenido muchos novios del mismo signo mío. Y nos la íbamos muy bien y todo el cuento, pero era un noviecito.

Finalmente me devolví a Australia y al poco tiempo llegó mi mamá a vivir conmigo, porque le habían salido los papeles. Yo trabajaba y ayudaba en la casa con algo, pero ya mantener una casa era difícil, sobre todo porque donde estábamos viviendo la vida es súper cara. Estaba complicado conseguir un trabajo bueno, y yo dije: "No, esto está como berraco para mí sola".

Así que mi mamá se fue para Estados Unidos, adonde una prima que iba a tener un bebé, a cuidarla, y yo me quedé sola en Australia, compartiendo apartamento con una mujer que trabajaba conmigo. Me sentía horrible, pues yo nunca había vivido con nadie que no fuera de mi familia.

El noviecito que yo había dejado en Colombia me llamaba todos los días: "Devuélvete, devuélvete, que yo te mando el pasaje". Eso fue en 1992. Era *traqueto*, pero yo en ese momento no sabía que era traqueto. Y yo: pues sí, qué voy a hacer aquí pendejeando. Por un tiempo dije: No, esta devuelta tan abrupta de Australia, sin organizar todo no. Venga a ver y organizo mis ideas.

Además, mi ex esposo se portó muy mal conmigo, porque yo no le pedí nada de la casa y le había dicho: "Quédate con todo", y él fresquísimo, pues sí, se quedó con todo. Poquito o mucho pero lo habíamos conseguido los dos. Y ahora que necesitaba por ejemplo el carro, pues salía tardísimo de trabajar, que me moría, como a las dos de la mañana, el idiota no podía porque se la pasaba con el carro bacaneando para arriba y para abajo. Me pareció muy molesta la actitud.

Y como de sacrificada yo no tengo mucho —a mí no me interesa ser como esa gente que trabaja y estudia y hace muchas cosas—, la verdad, la vi como muy difícil y me devolví para acá con el noviecito ese. Me devolví y todo parecía que iría muy bien. Pero cuando llegué acá me contó que tenía un hijo con una mujer con la que vivía. Claro que se la pasaba todo el tiempo conmigo. Primero vivía en un apartahotel y luego alquiló un apartamento y compró los muebles y todo me lo pagaba él.

Eso pasó.

«No le veía ningún problema»

Ah, no, ahora me acuerdo que yo sí sabía que el noviecito era traqueto.

Nunca me molestó tener relación con esta clase de hombres. En el colegio, en quinto de bachillerato, tuve un novio, también mayor. Al principio, no sabía a ciencia cierta en qué trabajaba. Ya después me di cuenta de que la forma como se ganaba la plata no era muy católica. Después tuve un noviecito paisa que trabajaba con Pablo Escobar, un muchacho súper pilo, de una familia muy bien, de Bogotá. De alguna forma siempre estuve un poco cercana a gente que comerciaba con drogas y como yo no veía nada de eso ni pasaba nada horrible, pues no le encontraba ningún problema. Sabía que era gente que trabajaba con drogas, pero tú no veías que fueran personas de matanzas ni de cosas por el estilo. Entonces no era como muy escandaloso para mí.

A Eduardo me lo presentó el tío del primer novio que yo tuve en Medellín. Como pasé tanto tiempo en esas vacaciones lo conocí. El tío vivía acá en Bogotá. Estaban yo no sé si muy de moda las mulas en ese tiempo o estaban empezando, no sé, el hecho era que el tipo mandaba mulas. Como yo tenía mis papeles al día, el tío de mi novio me dijo:

—Vení, que te van a proponer este negocio, charla con el tipo a ver qué.

—Pues hablemos —le dije. Yo tenía como 21 años.

Entonces conocí a Eduardo, un trigueñito bizcocho de unos 25 años, que me contó cómo era la vuelta. El caso era que enviaban gente con los deditos estos de guantes de cirugía ya comidos. Entonces me decía que era fácil porque yo tenía los papeles. No me acuerdo cómo fue el rollo, pero sí que le pagaban a uno como 10 mil dólares, algo así.

La verdad, la vi como fácil, pero le pedí un tiempo. Sin tener realmente la visión de lo que todo eso implicaba, me dio como sustico. Le dije: "Déjame pensarlo".

Al otro día me dijo "encontrémonos" y nos encontramos. Y me dijo:

—¿Sabes qué? No, contigo no. No te meto en esto.

Le pregunté por qué. Me contestó:

—No, no. Porque tú no.

Entonces empezamos a salir. De romance tórrido y toda la cosa. Me gustaba de él que la íbamos muy bien. Con los sagitario siempre he tenido la relación de que somos los mejores amigos andando juntos. No era "el noviecito", sino que éramos muy apegados. Esa era la relación con él, andábamos todo el día juntos, los siete días de la semana, y no nos aburríamos ni nos cansábamos ni nos saturábamos; pasábamos bueno, charlábamos...

«Ese hijo de puta te está robando»

Él comenzó a enseñarme cómo funcionaba ese negocio cuando empezó a enviar heroína para el exterior. La heroína es una droga que hasta hoy todavía es muy cara. Tiene la particularidad de que es difícil de medir la calidad. Hay que conseguir un tipo que se la inyecte y si le hace efecto es que sirve.

Entonces empezó a trasmitirme aspectos del negocio: llegaba gente a traer la base de la amapola, esa cosa anaranjada, amarilla-amarilla, melcochuda, que traían en unos tarros, y un químico me daba instrucciones de cómo se hacía la prueba. Desde entonces yo era la encargada de examinarla a ver si daba el punto o no. Cuando ya traían esa cosa procesada se probaba con una cuchara y unos termómetros y unas pipeticas, con unas agujitas delgaditicas en las que se metía, y eso se ponía a hervir. Y si tomaba tal color, ese era el punto. Pero nunca supimos a ciencia cierta si era ese o no, porque cuando Eduardo la mandaba para Estados Unidos, a un puertorriqueño que la recibía, decía que nada de lo que se enviaba era bueno. Ningún punto de lo que se le mandaba le servía.

—Ese hijo de puta es un ladrón, te está robando —le dije.

Yo ayudaba también en otras labores, como empacar la droga. Iba la gente al apartamento mío a embalarla. Y era tarea de toda una noche haciendo las bolas de droga con los deditos cortados de los guantes quirúrgicos. Luego se llevaban hasta Cúcuta. Allá llegaban las mulas o gente extranjera, y había que hacerles la "terapia" correspondiente para que se las comieran y quedaran listos para viajar. Se mandaban por Venezuela.

Todo el tiempo nos la pasábamos como en ese mundo. Realmente con Eduardo la íbamos maravillosamente bien: hacíamos el amor rico, rumbiábamos y viajábamos.

De Bogotá nos llevábamos los deditos para Cúcuta en juguetes. Y yo misma era la que pasaba el juguete en una bolsa, como de almacén, por el aeropuerto. Sinceramente yo no veía por ningún lado que me fueran a coger o que me pudiera pasar algo. Me sentía como muy respaldada por este loco, porque él había pasado por cosas tenaces. A él, en Puerto Rico o en un sitio de esos casi lo cogen; lo perseguía la Interpol y tuvo una huída así como de película. Era un tipo muy *abeja* y por eso yo no sentía miedo. Aunque sí tuve amigas a las que cogieron en Estados Unidos con droga. Con el tiempo vine a enterarme de que no era tan difícil que lo pillaran a uno, pero cuando estaba joven como que no le temía a nada.

Nunca sentí ni miedo ni reatos morales. Me impresionaban mucho, eso sí, aquellos tipos en Cúcuta que eran muy *drogos*, por la reacción que les daba la heroína. Me parecía grotesco verlos bajo el efecto de haberla consumido. Qué droga tan inmunda. Se la inyectan y ahí mismo quedan como que: ¡Aaay! Y se vuelven como unos entes. Yo decía: ¿cuál es la gracia de esa droga? ¡Qué asco!

Conocí a un amigo de Eduardo que vivía en Estados Unidos y recibía la droga allá. Un tipo decente, muy chévere, con un matrimonio bien, que se volvió adicto, porque se la inyectaba para saber si la droga era buena. Y estuvo tratando de dejarla y me tocó verlo enfermo, muy enfermo, con diarrea, vómito y fiebre por el síndrome de abstinencia. Pero aparte de eso no me producía ninguna sensación rara trabajar con la droga.

Eduardo la mandaba, pero no era que fuera el magnate ni que mandara toneladas. Mandaba... no sé, cada dos meses, cada mes. Entonces viajábamos mucho. Tenía sus momentos de prosperidad, pero comenzó a caérsele mucho el negocio porque el hombre al que le enviaba no le pagaba.

Con Eduardo, por esa época, teníamos apartamento y lo teníamos amueblado, pero no era que él me comprara los montones de nada. No. Normal. A mí la plata me parece chévere, pero la obsesión por las cosas materiales no es lo mío. Entonces no me estresaba tampoco.

«El agua le corría por todo el cuerpo»

Con Eduardo comencé a tomarle gusto a los juegos de sexo. Era pasadísimo y hacía cosas que en ese momento me sorprendían, pues al fin y al cabo yo había tenido algunos hombres, pero no era una mujer recorrida. Fantaseaba con tener nuevas experiencias y compartía sus fantasías conmigo, aunque, por fortuna, nunca llegara más allá de las meras imaginaciones.

Nos metíamos en la bañera: yo me sentaba frente a él, mirándolo sacarle mucha espuma al jabón, para ponérselo en su sexo y en el culo.

—Quiero que nos comamos todo lo que se nos atraviese —me decía—. Quiero verte con una mujer y que tú me veas con otra. Tengo esta cabeza muy loca, pero me fascina y no quiero que nunca se me acaben estos deseos de sexo.

Se acariciaba muy suavecito todo el cuerpo y me decía:

—Mira cómo se erecta.

Su sexo se ponía muy duro.

—Se ve tan buena que me gustaría metérmela yo mismo.

Completamente enjabonado y doblando su tórax hacia delante, comenzaba a penetrarse con el dedo al tiempo que se acariciaba el miembro, ya totalmente excitado y rígido. El agua le corría por todo el cuerpo y me decía:

—Me gusta todo lo que me das y la forma como me lo das; me fascina todo lo que me dejas hacer. Me vengo... Me vengo... —decía y, a medida que se acariciaba con más fuerza, eyaculaba en la palma de la mano.

Lamía un poquito y luego me lo esparcía en el pecho, calientito, e introducía sus dedos índice y del corazón, húmedos, con suavidad en mi boca.

—Me pones en una nube. Sabes ser amante. Quiero culiarte putamente una y otra vez.

Y así lo hacía.

«Ese man te va a matar»

Creo que una de las causas de que las cosas se acabaran con Eduardo fue porque yo entré aquí a estudiar mercadeo otra vez en una universidad. Y en esa situación de que él no se definía con la mujer que tenía, yo le decía: "Pero qué es eso, ¿vas a vivir con ella? Porque o estás con ella o conmigo".

La mujer se conseguía mi teléfono y me llamaba, y unas veces me insultaba, otras hablaba conmigo. Y yo: "Bueno, define, porque esta situación no es sana para ninguno de los lados, ni para ella ni para ti ni para mí". Y el tipo como que no se decidía. Como todos los hombres, nunca se definen. No tienen poder de decisión sobre el plano sentimental.

El caso es que entré a la universidad. Recuerdo que estudiábamos en grupos en las casas de los compañeros y él iba y me armaba escándalos. Gritaba:

—¡Salga o si no la saco a bala!

Y sacaba pistola. Una amiguita mía, muy asustada, me decía:

—Ese *man* te va a matar.

Y yo salía y me le enfrentaba:

—Bueno, bueno, bueno. Deje su pendejada. Respete a ver. No salgo y punto. Y coja la casa a bala si le da la gana.

Una vez en el apartamento me pegó, ya no me acuerdo ni por qué. Se le saltó el seguro. Le dio rabia por algo. Él seguramente sentía que yo ya me estaba mamando de la situación. Me pegó y a mí nadie me había pegado en la vida. Solo el otro novio ese traqueto, cuando yo estaba en el colegio. Y le dije:

—¡Ve! ¿Y este?

Lo cierto es que me pegó durísimo. Llegué con morados a la universidad y todo. Me preguntaban: "¿Qué te pasó?". Y yo:

—No, es que estaba limpiando la cocina y me cayeron unas cosas encima.

—Ese hijueputa te pegó —me decía mi amiga.

Entonces yo, grave. Eso me hirió muchísimo el orgullo. "Ese huevón", me decía.

La segunda vez que me pegó le saqué un cuchillo:

—Venite, pues. Que si nos vamos a matar, nos vamos a dar es duro.

Cuando me vio con cuchillo en mano cogió una silla del comedor, como un domador de leones.

—¡Cuidado o...! —me decía.

—Ah, ahí sí tiene miedo, ¿no?

Y se le quitó la güevonada. Pero yo me dije en mis adentros: "¿Ah, sí? Se puso de grosero conmigo, creyendo que esto va a pasar como si nada... Listo".

De ahí en adelante, yo me hice la que me portaba divina, encantadora. Y por dentro ya tenía el plan armado: "No, este man, no me lo aguanto más. ¡No más!".

Entré en conversaciones con mi prima, que estaba en Jamaica, y le conté que me quería ir. Y me dijo:

—Sí, venite pa'cá.

Un buen día estábamos bien, ni peleando ni nada, y le dije a Eduardo:

—Oye, yo no quiero nada más contigo. Así que aquí te queda tu apartamento, con tus todas cosas.

—¡Pero cómo se te ocurre, si esas cosas las compré para ti! —me respondió

Llamé luego a una tía y le conté.

—No sea boba, llame a un camión y empaque y saque todas las cosas —me aconsejó.

Así hice. Empaqué las cosas y me las llevé para donde una prima. Y allá fue:

—Ven, mi amor.

Yo estaba hecha una furia.

—No. Mírame bien, que esta es la última vez que me vas a ver, Eduardo.

Y así fue. Como a los ocho días me fui para donde mi prima.

Después supe que iba, me buscaba en la universidad y le preguntaba a todo el mundo por mí. Es que "el mico sabe en qué palo trepa", dice el refrán. Yo he creído eso toda la vida. Uno puede estar con el hombre más bravo de los más bravos o la mujer más brava de las más bravas, pero "el mico sabe en qué palo trepa".

Me fui para Jamaica. Un tiempo después volví a Colombia, a casa de mi papá y nunca más supe del hombre. Todo eso pasó como en un año larguito, entre el 92 y el 93, después de mi regreso del exterior.

«No soy cien por ciento materialista»

Tengo que admitir que yo he vivido y vivo en un mundo especial. Dicho de otro modo, soy producto de esa cultura de ganarse la plata fácil. No es algo que me atormente ni nada parecido.

Por el contrario, ya he dicho que yo para sufrida si no tengo vocación. Hombres con plata y poder o si no qué gracia. Sí, chévere la plata, porque la plata nos abre el mundo. El poder es aún más chévere. La gente inteligente es todavía más chévere.

Pero no hay nada absoluto en la vida ni nada peor que decir "de esta agua no beberé". Dicen que Diosito castiga la lengua y por eso la última relación que tuve fue con un hombre que no llenaba "ninguna de las anteriores". No tiene nada de especial, aunque sí somos del mismo signo, nos la vamos súper bien, somos *llaves* y, total, creo que es el noviazgo más largo que he tenido en toda mi vida.

Entonces no es una condición indispensable, porque la personalidad y el encanto de la gente también cuentan y son factores que me llenan mucho. No es que se necesite ser un multimillonario ni nada para salir conmigo. Puede ser carismático, divertido, buen conversador, que tenga un sentido chévere de la vida y para mí eso ya es suficiente.

No soy ciento por ciento materialista, porque como nunca realmente me ha hecho falta nada, entonces no tengo esa inclinación tan definitiva a valorar solo la plata, lo que sí sucede con las prepagos normales, las que uno ve en las universidades o en las fiestas, que son la mayoría.

Son niñas buenas, bonitas, de universidad, pero que de una forma muy cruda condicionan todo a lo material. Unas quieren tener la ropa de marca; otras, el súper carro; o sacarle a un tipo un apartamento o, en la mayoría de los casos, simplemente pagarse el semestre, y no ven más que el signo pesos. Es un pensamiento duro, sin matices, que reduce todas las relaciones a la urgencia de conseguir un dinero.

Pero creo que, sin ser como ellas, en mi caso particular yo ya concluí que sufrida, no.

¿Sufrida como para acostarme con alguien que no me guste? No. Uno ve que hay gente que por la necesidad acepta unos trabajos culos, de oficina, de contadores —digo yo, sin demeritar a los contadores—, hacen lo que sea porque lo necesitan. Sé que yo soy una persona sola, entonces, mal que bien, si como agua de panela con pan todo el día soy yo sola y no importa.

Entiendo cuando la gente tiene obligaciones, tiene hijos o una familia que mantener, pues les toca meterse a hacer lo que sea. Pero uno sí ve gente que estudia y que pide préstamos, viven solos por allá en una piecita... Admirable, eso sí. Pero no, yo no.

A mí me parece que uno no vino al mundo para eso. Ahora: si uno ha vivido eso desde siempre, porque viene de una familia muy humilde, en la que le ha tocado comer mucha mierda y uno no conoce nada mejor, pues esa es la dinámica que la vida le impone a uno, y entonces a uno no se le hace eso como tan terrible.

Hace poco, con mi ex novio, con quien andamos mucho juntos, veíamos una mujer en medio de un palo de agua de esos que caen en Bogotá, como si el cielo se desfondara, con un bebé, mojándose para tomar una buseta.

Nos miramos y dijimos: "Tenaz". No han conocido nada diferente. No han conocido qué es vivir mejor y para ellos esa es la vida, eso es lo normal.

Entonces, sí. Soy muy trabajadora, incansablemente trabajadora, soy súper guerrera, cargo cajas, voy y vengo, cualquier cosa para ganar dinero. No le como a nada. Y donde tengo que ser la más *pupi* soy la más pupi y a mí no me quita nada hablar con el mecánico, con quien sea.

Pero digo y repito que yo para muy sufrida, no. Yo no hago nada que yo no quiera hacer.

«Te voy a presentar unos amigos chéveres»

Ya es hora de que empiece a hablar de cómo comencé en esta forma de vida tan particular. No fue algo que yo pensara en un momento determinado de la vida. No lo decidí. Yo no soy muy previsiva. No planeo mucho mis reacciones ni qué es lo que voy a hacer. No dije un día: "Me voy a putiar de hoy en adelante". Yo dejo que las cosas vayan transcurriendo. Y estas cosas se fueron presentando y así se han asumido.

Fue en 1999. Trabajaba con una empresa de pensiones y cesantías. Vendía productos del fondo de inversiones y una amiga del colegio me dijo: "Ven, que te voy a presentar unos amigos chéveres". Ella trabajaba en otra empresa y una amiga suya, una pelada por allá del Amazonas, que consiguió carro y apartamento como en dos años, era prepago. Ella sí salía con lo que se le presentara, por cierta plata.

Nos relataba sus andanzas con toda clase de hombres con los que salía. Solía ir a trabajar a una agencia que proporcionaba acompañantes por catálogo, a través de Internet. La escogían por morena, casi siempre extranjeros. Uno de ellos, un gringo, ya era su cliente y simplemente llamaba a la agencia y él mismo pasaba a recogerla en una moto de alto cilindraje. Ella decía que solo el oír el ruido de la moto le producía una especie de tensión que contagiaba a todas en la agencia.

"Pagaba muy bien —decía— y todas queríamos irnos con él. Su piel era blanca, sus ojos azules, el cabello rubio, sus facciones finas. Me llevaba a su apartamento en el norte. Cuando estábamos en la habitación, no importaba si llovía o hacía sol, siempre decía: '¿Bonito día no es cierto?' Y me estrechaba la mano con afecto: 'Espero mucho de ti'.

"Entonces se dejaba caer sobre la cama y buscaba en uno de los bolsillos de su pantalón un paquete de dólares. Yo sabía que debía escucharlo en silencio. No podía sorprenderme de las cosas que a continuación me diría. Todas lo conocíamos. Era muy previsible en su modo de satisfacerse sexualmente y nosotras lo aceptamos así, por dinero, claro. Por eso acudía a la agencia, pues este era su secreto mejor guardado. 'Me encanta que me consientas. Todo me gusta. Dime todo lo que te complazca y así más me excito. Vísteme con tu ropa de mujer y píntame. Juega conmigo, dime bisexual o travesti, pero siempre acompaña esas expresiones con un beso en mi cuerpo. Oblígame a que chupe tus senos y tu sexo, a que te castigue. Ordéname las cosas que desees. Atrévete a todo y me sentiré complacido. Quiero que te guste todo esto como a mí. Dime que sí, que te gusta lo heterosexual, lo homosexual, lo bisexual, lo masoquista, lo sadomasoquista, todo lo que sean transgresiones las sexuales', decía el hombre.

"No me lo van a creer. Entonces se ponía de pie e iniciábamos todo juntos, de la forma más dulce que yo haya podido ver en hombre alguno".

Por ahí fue el nexo. Esta mujer del Amazonas me los presentó y salimos un día a almorzar todos. Yo estaba bien aburrida por aquella época, porque había terminado con un novio con el que estuve dos años y a quien quise mucho porque éramos muy buenos amigos y teníamos una relación bastante fluida. Él se iba a casar cuando yo empecé a trabajar en esa empresa y nos hicimos muy amigos.

Empezamos a salir y él finalmente nunca se casó con su prometida. Era un hombre inteligente, de buena familia, con plata; la familia de él me quería mucho. Pasábamos delicioso y me propuso matrimonio, pero terminé con él porque era muy coqueto.

Así que yo estaba como deprimida cuando mi amiga me presentó a sus amigos, y tenía idea, por referencia de ella, de cómo funcionaban. Me dijo:

—Esos *manes* les regalan plata a las amigas.

Pero fue algo así muy informal. Rumbeábamos y con el tiempo fueron dando platica y cosas. Pero no fue una determinación como pensar: "Voy y les cobro". No.

Después de eso, se presentaron ciertas ocasiones con diferentes personajes en las que los encuentros sí los hice por plata. Pero así como digo: primero íbamos a cenar y charlábamos —con gente de un perfil alto, normalmente es así— y luego se llegaba al punto. A veces le proponen a uno llevárselo de paseo, un fin de semana en determinado sitio, pero los paseos dan susto.

Otra vez fue con un señor muy importante, que había sido presidente de un club de fútbol; con frecuencia íbamos adonde jugaba el equipo y era divertido. También salí con un personaje del Santa Fe, no me acuerdo el nombre; un tipo culto, interesante, bien presentado, una apariencia muy agradable.

Hubo otro directivo del Bucaramanga con el que sí nunca se pudo nada.

—Venga, conozcámonos —me decía.

Pero cuando hablábamos entonces me reclamaba:

—Nooo, pero es que me está cobrando mucho.

—Bueno, fresco. Yo tengo la opción de decir un precio y usted la de decidir: sí o no. Pero fresco. Somos amigos. No ha pasado nada —le respondía yo.

Me llamó algún tiempo después, ya como más entusiasmado.

—Tengo una noviecita que vive en Miami. Venga, porque yo le dije a ella que me gustaría que lo hiciera con otra mujer —me propuso.

—Sí —le dije—, pero no le alcanza. No le alcanza, mijo. Eso sí no. Y ya para hacerlo con otra mujer no vale lo mismo.

Todas esas son mañas que se las enseñan a uno las amigas.

«Usted es bonita, aproveche eso con los manes»

Comencé a pasar por todas estas experiencias como un modo de vida, sin que hubiera una decisión tajante de por medio, sino que simplemente empecé a probar cómo era y me gustó.

La primera amiga que me presentó con este grupo de gente nunca estuvo involucrada en esto de ser prepago. Es vagabunda por convicción, pobrecita. Es muy loca, trata de encontrar el amor de la vida en cada salida, conoce hombres, se la comen, pero no les saca ni plata ni consigue novio ni nada. Ella me decía:

—No sea pendeja. Usted es bonita, aproveche eso con los manes.

Y yo, nada. Todas las amigas que conocía me lo decían. A mí me llevaban echando el cuento desde que yo estaba jovencita. Las amigas con las que salían los amigos de uno me decían: "Yo tengo unos amigos súper chéveres, que le dan regalos a uno".

Me llevaban echando la historia desde que tenía 18 años. Entonces sí, las amigas lo preparan a uno psicológicamente. Obviamente, son mujeres que han tenido una vida diferente a la mía, algunas de ellas tienen hijos y están en otras condiciones no tan favorables. Pero sí, todas con el mismo cuento: "No sea pendeja, no sea pendeja, no sea pendeja, a todos los hombres hay que sacarles plata y si no, pues no, que se jodan".

La primera vez que me pagaron recibí como millón y medio de pesos. Fue con estos amigos con los que siempre nos veíamos. Estábamos en la oficina de mi amiga y ella me puso como a prueba. Porque yo me preguntaba: ¿Será que si los pido me los dan? Y ella: "Ay, ¡qué tan boba!".

Necesitaba un millón y medio de pesos, y pues sí que los necesitaba. Debía pagar unas cuotas atrasadas del carro, un Sprint que tenía.

Llamé a la oficina de ellos.

—Hola, Camilo, como estás, qué has hecho. Oye, imagínate que debo pagar una cosa del carro y necesito una plata.

—¿Cuánto necesitas?

—No, pues, un millón y medio.

—¿Para cuándo?

—No, pues, para ya.

—Aaaah, ya. Bueno, pasa —me dijo, tan tranquilo como si me fuera a dar para un helado.

Y yo feliz con mi plata. No me había resultado tan difícil.

Eso ha sido así siempre, con el mismo grupo de amigos que tengo. Que tenía, porque se fueron a vivir al exterior.

Lo que sí no hago es ese sistema de que a uno lo llaman a ponerle citas. Y desconocidos, menos. Hubo un momento de la vida que tenía una amiga que sí era prepago y esa sí se iba con el que fuera por plata. O sea, "caiga" aquí con el dinero y venga yo se lo doy. Otra amiga de ella me presentaba gente como para que tuviera esos encuentros. Creo que de las citas que me hizo no prosperó ninguna.

Estoy tratando de acordarme... Pero que de manera habitual me llame gente extraña para tener relaciones, o que me recomienden a personas que no conozco no hace parte de mi forma de trabajo.

Con un amigo, un político, también nos hacíamos "favores recíprocos". Él me ha ayudado en algunas cosas. Fuimos novios formales, pero ya está casado y todo. Aunque nos seguimos viendo y, a veces, hacemos viajes y pasamos pequeñas temporadas juntos. Y pues plata como tal no me da, pero sí me ha ayudado con muchas cosas, como a sacar mi visa americana otra vez.

Con este amigo, que es un congresista, no es que tuviéramos una relación propiamente dicha. Incluso, estamos como distanciados últimamente. Pero sí nos veíamos; iba a mi casa. Somos ante todo amigos. El se siente bien conmigo. Por un tiempo trabajé con él entre comillas. Me daba una plata y yo le ayudaba con ciertas cosas de su trabajo; de hecho, me tenía en la nómina de su unidad legislativa. No es que cuando yo necesite algo lo llame y luego tenga que retribuirle, ni que él me diga: "Yo te ayudo, pero te dejas comer". Me come, pero porque yo quiero que me coma. Porque no me choca. Porque es inteligente y porque tiene poder, y porque es mi amigo, y fue mi novio hace tiempos. Pero no es que hagamos el amor e inmediatamente me pague.

«Tú tienes clase y hueles rico»

Lo mismo ocurría con mis amigos que se fueron para el exterior. Hacíamos fiestas, que eran un desorden impresionante, y después, si yo necesitaba algo, pues los llamaba y les decía: "Ve, mirá, ayudáme que es que necesito una plata".

No es que te como y cuándo me vas a pagar. O: "Mira, necesito un millón de pesos ya". No es mi estilo, porque es que cobrar así se me hace como sin clase. Y eso creo que es lo que ha marcado la diferencia para los tipos frente a mí.

En esas fiestas, como va tanta gente también, van muchas prepagos normalitas, de relleno, para culiar-culiar. Pero con uno es diferente. Uno sale con ellos a almorzar. Lo llaman, hablan con uno de sus cosas. Se nota en las fiestas que a uno no lo tratan como a las demás *viejas*. Ellos dicen: "Es que tú eres una amiga". Y eso es lo bacano de la cosa. "Tú eres inteligente y tienes clase y hueles rico". No sé cuál es la diferencia para ellos, pero es eso.

No soy como esas viejas que, cuando ya terminan, se visten, se arreglan el pelo, se echan rubor y pintalabios y se paran al lado de cama, donde el hombre, por lo general, está medio dormido, y dicen:

—Mi amor, me voy —dándose golpecitos en el muslo.

"Me voy" es su forma discreta de decir:

—Bueno, pase a ver el billete, mijo.

Y no, no se trata de eso. Para mí no es tan simple como que "me voy" y salir a ver dónde tomar un taxi. Ni que el tipo le ordene al chofer: "Vaya y llévela adonde pueda coger un taxi". No. A mí me envían el chofer a la casa y cuando me voy a regresar me dejan en la casa. Es bastante diferente.

Cuando salíamos de viaje, por ejemplo, a las islas del Rosario, a Cartagena, íbamos las amigas-amigas, a las que nos dan plata y cosas, y montones de viejas también, las de relleno, para los manes que van sin pareja. Porque, uno va es en plan de que es la "novia" de alguno. No es que lo seamos de verdad, por supuesto. "Hola, mi amor", nos decimos, y es como si yo fuera la novia.

Entonces se presentan ocasiones en que uno les dice: "Mirá, es que no traje tal cosa". Pero no por *sonsacado-*

ra, sino porque cuando dicen "nos vamos para Cartagena", pues uno simplemente empaca una maleta con tres pendejadas y se va. "Que se me quedaron los zapatos". Entonces dicen:

—Pues camina compramos.

Lo llevan a uno a la Ciudad Antigua a comprar unos zapatos en los mejores almacenes. En cambio, las demás viejas, nada que ver. Con ellas no son así de especiales. Es de lejos un trato tremendamente diferente.

Así lo he administrado yo: no es que se lo doy, pero en el acto "caiga" con algo.

Pero también es diferente con cada hombre. Yo, por ejemplo, a un hombre que no vea como que me voy a ennoviar con él, no se lo doy mirando a ver qué me va a dar. No. Primero convénzame. Véndame la idea.

Porque es que él necesita más de mí que yo de él. Necesita más de mí porque me quiere comer y una mujer como yo no la va a encontrar en cualquier esquina. Ni pagándole siquiera.

Yo sé que hay miles de mujeres chéveres, bonitas, buenas, deseables, de las que un hombre puede aspirar a tener algo con ellas, pero no lo hacen por plata. Para mí ese es el meollo de la cuestión: yo podría hacerlo por plata, pero véndame la idea. Muestre a ver con qué me va a ayudar y luego miro a ver si se lo doy o no.

En cambio yo, de quien me desea, no necesito, porque yo con o sin él vivo, en resumidas cuentas. Obviamente, si me da algo —plata o especie o lo que sea— me va a servir, porque más allá de las necesidades básicas de pagar el arriendo, los servicios, el carro, todo, uno tiene toda clase de gastos extras.

Por supuesto que si yo fuera más viva, o más inescrupulosa, y me importara cinco todo y dijera "me como al que sea por plata", estuviera tapada en dinero.

Hay quien se preguntará por qué no lo hago. Y mi respuesta es: porque no. Para eso hay que tener un espíritu de perra callejera. O tener una necesidad la hijueputa. No. Lo mío yo lo tramito a otro nivel. Me como solo al que quiero o al que me vende mucho la idea.

«Te llamamos tus novios»

Lo que ocurre en realidad es que yo no necesito hacer parte ni de catálogos ni tener una *madame* que ofrezca mis servicios, porque alrededor mío hay un buen número de personas que eventualmente me llaman, y no me interesa mucho relacionarme en ese plano con gente que no conozco.

Del grupo de amigos que se fueron para el exterior hay como cinco, pero también alrededor de ellos hay otra cantidad de personas, aunque no son del parche como tal. Con ellos, de dos recibía plata. Le decía al uno: "Mira, fulano, que necesito pagar una vaina". "Ah, bueno, amor". Y del otro, también. Entonces era como la novia de los dos.

A mí me da risa contarlo, pero no sé qué tan chistoso sonará, porque la gente se puede escandalizar muy fácil. Sin embargo, llegar a esa situación en las fiestas era muy simpático: "Ven, amor, que tú eres la novia de los dos", me decían.

Y oficialmente me quedé con el nombre de "la novia de los cuatro".

Todos ellos son casados, obviamente. Y nos reíamos mucho cuando nos reuníamos o estábamos metidos todos en el jacuzzi, porque uno de ellos contaba:

"Llego a mi apartamento y mi mujer me interroga:

"—¿Dónde estaba?

"Y, por provocarla, le digo la verdad:

"—Estuve en una casa metido con quince viejas buenísimas. Todas estaban empelotas y me comí a tres.

"Y ella me dice con tono de burla:

"—Sí, cómo no".

¡Increíble: uno va y cuenta y esto no nos lo cree nadie! Es muy divertido. Hace tiempo que no vienen o no vienen juntos y por eso ya las fiestas no son lo mismo que antes, porque todo el mundo como que cogió cada uno por su rumbo y cada vez nos vemos menos.

Por ahí hace poco aparecieron. Muchas amigas chéveres del parche ya se han casado, están organizadas, entonces nos fuimos desintegrando un poquito.

A ver, ¿con qué otros tipos he salido? Con el congresista y con otra gente; no son aventuras que se hayan vivido tan intensamente, pero sí ha habido encuentros que, a su debido momento, les contaré.

Con el político nos conocimos hace muchos años. No nos hemos vuelto a ver porque me hizo un desplante que aún no se lo he perdonado. Él era parte de la misión parlamentaria que fue a Estados Unidos para las negociaciones del Tratado de Libre Comercio y en uno de los viajes me invitó. Estuve con él casi una semana, yo me la pasaba en un hotel y cuando él estaba trabajando salía a hacer compras. Un día llegó tal vez muy tensionado por el trabajo y discutimos. Peleamos súper fuerte y yo le dije que a mí no me maltrataba. Que yo me iba. Y me devolví furiosa y desde entonces no me ha vuelto a llamar. Me duele un poco, porque siempre ha sido un buen amigo desde hace muchos años.

Él es el primo de una amiga del colegio, fuimos novios, me propuso matrimonio y no me quise casar con él. Si no, hoy día sería otra cosa.

Yo he salido realmente con muchos políticos, entre ellos otros dos congresistas, y mucho personaje conocido que no sería ético mencionar. Ese señor súper chévere que ya mencioné, que fue presidente de un club de fútbol. Los conocía por amigos o amigas. Por lo general me contactan a través de alguien. Y sí, son hombres que se relacionan conmigo netamente para eso.

Nos encontramos, salimos a almorzar o a comer y charlar y, más tardecito o al otro día, o en esos días, vuelve y se habla, y ya como que se concreta más claramente la cosa.

Pero eso de que yo te lo doy y tú me pagas ha sido muy pocas veces así de directo. Se maneja más como amistad. Pero claro que lo he hecho. Obvio. Es que la plata tienta a cualquiera.

«Mi fuerte en la cama es todo»

Mi tarifa en la cama ha sido desde hace un tiempo un millón de pesos. Un amigo, que es un paraco súper duro, cada vez que nos vemos me da dos millones, y me los da en dólares.

A esas personas, que son así casos aislados, menos de un millón de pesos no cobro. Muchas veces pasó que nos encontrábamos y el tipo, el del club de fútbol, me decía:

—Ven, mi amor, pero conozcámonos. Es que me estás tirando muy duro.

—No. Es que es eso o a mí no me interesa.

Mi fuerte en la cama es todo. Hago de todo y rico. No bailo ni hago *striptease* ni esas cosas, porque se me hacen de perfil bajo. Una *culada*. Me parece más chévere hablar. Yo soy buena conversadora, entonces los tipos me dicen: "Es que contigo uno pasa rico". Y si el tipo es buen conversador, mucho mejor.

Claro que en las fiestas de los amigos en La Calera sí nos empelotábamos, porque era con DJ y todo. Nos disfrazábamos de colegialas, con falditas de cuadros, de marineras y de otras cosas, y nos quedábamos en ropa interior. Y las viejas terminaban dándole besos a uno. Y sí, en una fiesta, por supuesto que predominaba el bailecito, pero más porque nos daba la gana y por ganas de divertirnos, porque se nos hacía chévere, que por hacerle el *show* a nadie.

Yo funciono con mujeres sin problema. Pero no soy de las que toman la iniciativa ni me enamoro de mujeres. Me parece bien. Tiene que estar uno como drogadito, como con éxtasis, porque eso en sano juicio no. Me gusta lo físico, los besos, la acariciada de las tetas, la vaina. Pero eso de coger y meterle el dedo y chuparla no. Igual lo he hecho. Porque en las fiestas los hombres se lo piden a uno, y siento que las mujeres tienen mucho *feeling* conmigo.

Por ejemplo, en una fiesta una pelada dijo que yo le gustaba, y entonces mis amigos me propusieron:

—Que le gustás a fulanita, que si te dejás dar un beso.

Y yo: "Pues que me lo dé".

—Que ven, que te queremos comer.

Y yo le dije: "Vea, mi amor: hágame lo que quiera, tranquila. Pero no espere mucho que yo le haga".

A esas peladas les gusta mucho tomar la iniciativa, meterle el dedo a uno, chuparlo, no que les hagan. Entonces yo le advertí: "Chévere, pero no espere pues que yo la vaya a besar ni nada". Y me respondió: "Tranquila".

O uno empieza de pronto pensando "a ver le sigo el juego" y ellas mismas le quitan a uno la mano. Entonces, me parece chévere, pero no lo busco. Es más, yo fantaseo mucho con el sexo con mujeres. Pero a mí me encantan son los hombres. Me gusta mucho la fisonomía, interactuar.

«Tengo mis pequeñas aberracioncitas»

Tengo que confesar que, en realidad, yo me excito mucho con la sola idea de que las mujeres me besen los senos y el sexo. Sin ser lesbiana, porque estoy segura de que no me ennoviaría con una mujer. Hasta el día de hoy pienso que no me ennoviaría, pero me excita imaginar esas escenas de homosexualidad. O sea, cuando me masturbo pienso en mujeres. También, a veces, pienso en hombres... Para mí la imagen sexual del hombre... es la totalidad de su cuerpo. Me parece súper sexy el pecho, los bíceps, el abdomen de un hombre que hace ejercicio y se cuida, pero que vea un pene y me excite, no.

Tengo mis pequeñas aberracioncitas. No muchas, como las ganas de comérmele los amigos a mi ex, como por desquite. No sé, es que mi ex tiene unos amigos buenísimos y me llaman. Entonces me imagino que tampoco es que sea tan políticamente incorrecto de mi parte. Uno sabe cuando le gusta alguien, entonces yo también siento que les gusto a los amigos de mi novio.

Por principio, me gustan los tipos que no tienen tabúes. Que no se enredan la cabeza con creencias fantásticas sobre el sexo. Aunque sí hay algunas cosas con las que no me siento cómoda. Las porquerías no me gustan. No me gusta nada que me haga sentir dolor, ni eso de ponerse fetiches de cuero y taches y darse latigazos, nada de eso lo disfruto.

Yo no planifico, aparte del condón, con nada. Entonces cuando se van a venir se quitan el condón y se masturban y eyaculan sobre uno, en las mejillas, en los senos o en el vientre. Eso me parece chévere. Incluso me lo como, si estoy con una persona a quien yo ame o que me guste muchísimo, porque yo no se lo mamo a cualquiera.

Con la pareja uno hace cosas que no hace con nadie más. Lamerle o chuparle las pelotas o meterle la lengua en el culo, el famoso "beso negro". Si al tipo le gusta, me parece rico. Tengo un solo amigo al que le gusta, que es muy loco, y tenemos una muy buena relación sexual. Yo pienso que a los otros no les agrada porque en nuestro medio los hombres piensan que tener sensibilidad en el culo es cuestión de maricas.

El sexo oral me parece rico, pero no siento que sea nada del otro mundo. Cuando me lo hacen, sea un hombre o una mujer, me gusta que me chupen el clítoris o que me metan los dedos. Si me hacen ambas cosas me parece rico.

Pero yo tengo muy claro qué me produce placer y que no, y yo lo busco o lo pido o hago lo que esté a mi alcance para disfrutarlo. No me gustan ciertas cosas que tienen que ver con el culo. No me gusta que me metan la lengua en el culo. Lo encuentro como algo nada que ver. *Gas*.

En cuanto a esos tipos que lo lamen a uno todo y le chupan a uno dedos de los pies, digamos que me parece sensual la imagen, pero para hacerlo yo misma no me llama la atención. Soy muy escrupulosa. Quizás uno recién bañadito, bueno. Pero los pies son los pies y todos los pies sudan, inevitablemente. A mí, listo, hágamelo pues, pero yo hacérselo, no me llama la atención.

Y también me parece más limpio mamárselo a un *man*, a que él me haga sexo oral a mí. Si yo fuera hombre no se la chupaba a nadie o se la mandaría a lavar primero, porque el vientre de la mujer es húmedo y uno siempre tiene fluidos raros en la vagina que no son tan higiénicos.

Lo que sí he hecho es untarme el semen. Embadurnarme. Uno con el semen de la persona que quiere o de alguien que le guste mucho lo hace sin sentir repugnancia.

Pero tabúes con el sexo no tengo. A mí, realmente, nada me disgusta, en general yo no me niego a nada. Todo es un juego y todo es parte de la mística que uno pueda atribuirle al asunto. Depende mucho del momento y de con quiénes esté uno.

«Me gusta que sientan tanto placer»

Algo particular en la forma de mi sexualidad es que en una relación con un hombre no llego al orgasmo con facilidad, creo que porque aprendí a masturbarme y, como dije ya, siento que en el álbum de mis mejores venidas solo están las que alcanzo cuando me masturbo. Pero sí lo logro, aunque, la verdad, siento que no lo necesito.

Me parece riquísimo, soy súper activa en la cama. Mejor dicho, como dice mi prima, "¡hago hasta para vender!". Pero, para mí, el coito no es importante. Si me quiero venir, lo logro haciéndomelo yo misma. Y nunca he experimentado un orgasmo igual a los que he tenido sin necesidad de hombres.

En cambio, cuando me penetran por detrás no siento rico. No es que tenga algún moralismo sobre la práctica del sexo anal. Incluso me gusta por lo que tiene de transgresión, de romper los parámetros de lo prohibido, porque el culo tiene esa connotación de rincón muy íntimo adonde no es corriente llegar. Se supone que su función no es esa y que su uso como órgano sexual va contra natura.

Para los hombres, además, es muy excitante sentir la penetración por un agujero tan estrecho, eso como que los pone más arrechos. A mí me parece emocionante por la imagen del acto mismo y por lo que este implica para el hombre. Les resulta deliciosísimo, algo muy profundo que se relaciona con la condición masculina y como con una necesidad primitiva de dominación, que se expresa en esa imagen de montar al otro, de tener a la mujer de espaldas, sin verle el rostro, tomada por las caderas, sometida.

Y a mí me gusta mucho que sientan tanto placer. Pero que físicamente para la mujer sea una sensación extremadamente amable, no. Me parece chévere como otra experiencia más, que para la mujer es una sensación distinta, pero que uno diga que se vino con eso, no. Chévere porque todo es chévere, pero que diga "qué delicia", no. Es diferente.

También cuando me piden que me toque mientras me penetran por detrás yo me toco, solo porque la persona que está conmigo encuentra placentero que lo haga, pero no porque yo sienta algo o me excite tocándome, porque mi forma de masturbarme no es con los dedos.

Tengo un amigo al que le da mucha arrechera ponerme en posición de clavarme por detrás y yo hasta ese punto siento inevitablemente como un fogaje, siempre y cuando sea por la vagina. Pero no sé, lo del culito es medio vetado para mí.

Razones de estética y de logística

Prefiero los tipos rasurados, aunque no es una práctica tan común todavía entre los hombres, sobre todo los mayores de 35 años. O que, al menos, si no les parece del todo convincente tener el sexo afeitado, que tengan el vellito muy corto, por aseo.

Es mucho mejor por razones de estética y de "logística". A la hora del sexo oral es más cómodo, por eso de que no falta el pelito que se suelta y comienza a dar vueltas por la boca, atrás de las muelas, cuando no va a dar a la garganta y es muy molesto, porque no es fácil lograr que vuelvan a salir. Los hombres no son muy amigos de echarse una podadita, casi todos son peludos, no se dan cuenta de que las mujeres como yo cuando se desnudan y los vemos así lo primero que pensamos es: "¿Qué pereza, no?".

Me acuerdo ahora de un amigo de estos trajines, uno de los que ya no viven aca, súper súper velludo.

Y lo jodíamos:

—¡Enrique, hijueputa, te vamos a afeitar!

—No, no no. Vean que ya casi estoy convenciendo a mi mujer de que eso de afeitarse es una *berraquera*. Ya le dije a ella que me iba a hacer un corte bajito, que a mí no me gusta tanto pelero. Ya casi que la tengo de mi lado. Yo les aviso.

Estaba tramando a la mujer de que lo dejara rasurarse, solo para que nosotras nos sintiéramos a gusto con él. ¡Qué tal el hombre! Muy chistoso.

Hoy son pocos los tipos que yo conozco a quienes no les gusta un sexo rasurado. Yo mantengo los vellos súper corticos, muy afeitadita por todos lados, deján-dome un poquito en el frente, pero por debajo sí todo muy depiladito.

También por razones de higiene prefiero los penes circuncidados. Incluso me parecen más bonitos, más limpios y más chéveres que los otros. Sin embargo, es curioso, no tengo una memoria de las vergas que he disfrutado, ni si eran largas o cortas, grandes o peque-ñas, circuncidadas o no.

Lo que sí se me queda en el recuerdo es que alguien con quien tuve sexo me puso en tal o cual posición que me hizo sentir rico, pero que no porque tuviera la verga así o asá. No me consta que una verga larga sea generadora de más placer que una corta, sobre todo si no pertenece a una persona con una alta creatividad sexual. A algunas mujeres, que pueden tener orgasmos vaginales, seguramente les parecerá más bonita de ver; o más excitante por el roce en las paredes de la vagina; les puede llegar a acariciar el útero, pero a otras, que no poseen una anatomía tan profunda, puede lastimarlas.

El grosor, en cambio, creo que es más indispensable, pues un miembro demasiado delgado es difícil de sentir con la adecuada fricción. Para el hombre, es el equivalente de encontrar una mujer demasiado amplia en su cavidad vaginal, que producirá una relación carente de roce. Y es sabido que los hombres mayores, o mejor, después de cierta edad, sobre todo los que han sido muy culiones, requieren de una cierta "sobredosis" de roce que les haga sentir el placer necesario para producirles un orgasmo.

Pero no creo que haya nada que decir de manera absoluta en materia sexual. Todo está demasiado ligado a los gustos y la educación de cada quien y al ingenio con que cada ser humano se desempeñe en la cama.

«Una vez me tocó un bisexual»

Hasta hace unos años tuve la curiosidad de llevar una lista de los tipos a los que me he comido pero la abandoné por cansancio. No eran muchos. Ya no me acuerdo, pero han debido sumar por ahí unos doscientos cincuenta en toda mi vida.

De todos ellos, que yo me haya enterado, nunca he estado con personas bisexuales. Solamente una vez en la vida me pasó. Fue un encuentro más bien casual con un vecino, en el aparta-hotel donde vivía, en la época en que estuve con Eduardo. El hombre aquel y su hermana se habían pasado al apartamento de al lado y, un día, terminamos tirando con él. Y me decía: "Es que yo soy bisexual". Y yo: "¡Uy!".

Pero, que sepa que yo haya tenido una relación como esa antes, no. Claro que, ¿cuánto bisexual habrá hoy en día por ahí y uno sin tener ni idea? Yo creo que de esos amigos de mi grupo hay dos que de tanto libertinaje que han tenido en la vida hasta le jalan a la vaina.

Porque en lo sexual, uno entre más expande el límite del placer hacia cosas nuevas y poco comunes, pues quiere más y esa frontera siempre estará un poco más allá. Tener sexo con una mujer de todas las formas ya no los satisface y quieren otras cosas. Pero abiertamente no lo son. Obviamente, no estoy diciendo que todas las personas sean iguales, pues hay quienes se pasan toda una vida haciéndolo de la misma manera, sin que se les pase por la mente explorar nada distinto. Quizás no lo necesitan. Quizás están bien así.

Yo me he besado y he tenido por ahí bluyiniadas con amigos gay. El otro día un amigo gay empezó a comportarse raro conmigo: me veía y se volvía el macho. Y era lindo. Bailábamos y nos chupeteábamos. Hasta la tirada no llegamos, porque me daba sustico. Claro que en un momento de arrechera total me lo hubiera comido, pero era gay-gay.

Lo que sí nunca he estado es en una situación de esas en que las parejas van y contratan a un travesti para que penetre al hombre mientras le hace el amor a su pareja. O para que el travesti la penetre a ella por detrás mientras el hombre la penetra por delante. O para que el hombre mire cómo el travesti le hace el amor a ella. Yo no lo he vivido, pero me lo han contado amigas que lo han hecho.

Es que no soy buena para las cosas sórdidas. Ese tipo de experiencias de gente del campo a la que le gusta que se lo mame un ternero; o los hombres que se clavan las gallinas, los patos, las marranas y las cabras, o las mujeres solitarias que se la hacen lamer de un perro. Lo mío radica en que para mí el sexo no tiene tabúes, pero tengo mis límites: el sadomasoquismo, eso de golpearse o apagarse cigarrillos en la espalda también me parece una maricada. No tiene sentido.

Es lo que yo siempre digo: hay gente para todo. Creo que en los asuntos de sexo, desde los tiempos de las cavernas el hombre hizo todo lo que había por inventar y nosotros ahora creemos que estamos descubriendo la rueda con toda clase de parafilias: fetichismo, zoofilia, sadismo, masoquismo, exhibicionismo, voyerismo... Y toda la locura que existe en este mundo.

«Mirar no me excita»

Yo tampoco soy de las personas que se excitan mirando tirar a otros. A las mujeres casi no nos excitan los datos visuales. De hecho, tomamos mucho el pelo con las amigas metiéndonos a los cuartos de las parejas que están tirando y nos morimos de la risa.

Tengo una amiga, Valerie, que sí lo disfruta, pero por una condición diferente, por su historia personal. Estuvo en una cárcel de mujeres en el exterior, hace algunos años. Aún conservo la carta en que me lo contaba:

> ...En estos sitios uno se siente débil, desprotegido, solo, indefenso, impotente, quebrantado. Es como vivir con un golpe en la cabeza que sangra diariamente. Hay que sacar fuerzas de no se sabe dónde, porque es profundamente doloroso ver que el futuro es tan lejano e incierto. Es difícil agachar la cabeza y aceptar el destino. Yo les digo a mis compañeras que nos toca defendernos por nuestra cuenta, enfrentando

el problema psicológicamente. Borrar todo lo malo y buscar un recurso mental. Fue así como comencé a enamorarme platónicamente de este oficial que nos vigilaba. Él no se involucra para nada con las prisioneras. Es un hombre muy sensato, pero estricto, y en los conflictos se vuelve temible. Es alto, como de mi estatura, y de pelo largo, con facciones viriles, así como debe ser un hombre. Tiene todo lo que una mujer necesita para ser feliz. Yo tampoco me he enredado nunca con nadie en la cárcel, pero tal vez con él sí habría hecho el amor. Cuando salgo al campus, por el sector de los jardines, lo busco. Me recuesto en una ancha banca, a una distancia como de 10 metros de él, y me acaricio delante suyo muy suave y discretamente. Él me mira, pero nunca hace nada. Después me entro a los dormitorios y me desvisto, voy a las duchas y me masturbo pensando en él. Cuando salgo, él está esperando, me mira y se va.

Un día, muy tarde en el campus, estaba solo. Yo me acariciaba. Él se paró en un muro, se soltó el pelo, agitó su cabeza y tocó su sexo, acariciándolo por encima del pantalón. Me dejó observarlo por largo tiempo. Fue un espectáculo maravilloso. En estos sitios se agudizan los sentidos, se desarrolla más el gusto por lo que se ve y no se puede tocar. Se vuelve excitante, enloquecedor, percibir tanta belleza frente a uno y poderla disfrutar. La vista es un sentido que aquí lo es todo, se aprende a vivir de una manera diferente, más intensa, más aguda. Pensé que se iba a masturbar, pero no lo hizo. Fue una especie de despedida, porque después supimos que desde hacía un mes lo habían trasladado a otra prisión...

A los hombres sí les gusta todo lo visual. No me parece maluco, pero no lo disfruto. Sí ocurre muchas veces que una pareja está haciendo el amor, y otros están en el mismo recinto, pero no los están mirando como con el morbo. Lo que he vivido no es así. Se mira y hay quien dice: "¡Uy, rico!". Pero no es eso de: muestre a ver por dónde es que se lo está metiendo. Las cosas entre nosotros no tienen ese morbo.

Igualmente, no tengo una satisfacción plena cuando me hacen el sexo oral. No logro venirme, porque son muy contados los hombres que conocen a fondo la anatomía femenina, y escasísimos los que saben que la excitación del clítoris, los labios externos y la vagina tienen su ritmo y su técnica. No es dar lengua parejo y sin descanso media hora, o chupar o morder. Es una combinación muy compleja de los labios, para succionar; la lengua para lamer con delicadeza, y hasta conozco mujeres a quienes les agrada que les toquen muy sutilmente, sin lastimar, con el filo de los dientes el propio clítoris. Pero no hay una manera única de hacerlo, sino que el hombre que quiere ser un buen amante tiene el reto de descubrirlo en la fisonomía de cada mujer.

Faltos de clase

Yo, por ejemplo, no podría decir específicamente qué es lo que me hace alcanzar un orgasmo, y en cualquier circunstancia siempre soy la que manejo el cuento.

Tampoco siento que haya una sola fórmula de estar placenteramente con alguien en cuanto a las palabras en el momento del sexo. Ser silencioso o expresivo son conductas que van de acuerdo con quién se haga y con qué se dice y en qué tono.

Hay hombres a quienes les gusta enunciar todo lo que van haciendo, y por dónde van pasando ("¡qué tetas tan ricas", "me gustan tus nalgas", "tienes un culo hermoso"), como quien transmite todas las jugadas de un partido de fútbol o las curvas y rectas de una competencia ciclística.

Hay los hombres tiernos, que te endulzan el polvo con halagos y promesas: "linda", "siempre soñé tenerte así", "te amo, fulanita, te amaré siempre"; y hay quienes no dicen nada, como si estuvieran solos con una muñeca inflable.

Algunas mujeres son sensibles al lenguaje fuerte, de groserías y descripciones crudas ("te quiero atravesar", "me gustaría venirme en tu culo"), que ciertos hombres usan y que muchos sienten excitación y piden que lo usen con ellos.

Otras detestan esto y quieren expresiones amorosas y delicadas. A veces solo decir "te amo", dicho a tiempo y con convicción, hace venir a una mujer con facilidad.

Otras son afectas a promesas un poco *veintejulieras*, del estilo "me gustaría que fueras la madre de mis hijos" o "quisiera embarazarte ahora mismo y que mis hijos salieran con tus ojos". A mí me parecen fatales, por lo ridículos, ese tipo de supuestos halagos.

Yo con las palabras prefiero un término medio, ni tanto que queme el santo y tan poco que no lo alumbre. Todo depende de en qué ambiente esté la pareja.

Lo que yo sí no soy es de esas mujeres que dan alaridos de satisfacción. A mí esos aullidos de lobo herido me parecen aterradores, ¡gas, fo! Una persona que haga demasiado ruido me arruina todo el encanto. Las escenas de vieja gritona se me hacen plebes y es obvio que un hombre que haga demasiado ruido me parece falto de clase.

¿Y qué tal los tipos que se comportan como actores de películas eróticas? Los que se están masturbando cuando están en una orgía, como si no les fuera a tocar el turno de tirar esa noche. Habría que preguntarles, ¿por qué se tienen que masturbar? Tienen la escena ahí y de alguna forma saben que tendrán su oportunidad, además, pues igual si se acercan uno se lo coge, se lo besa y se lo mama.

Algo que les gusta mucho a los hombres que salen conmigo, por ejemplo, es que les haga "la rusa"; así se llama a metérselo entre las tetas con el fin de excitarlo, pero no con el fin de que se venga. Es algo que lo hago como por jugar, pero no se masturban.

El pretendiente africano

Hay algo más que no va conmigo: los prejuicios raciales. Algunas mujeres tienen una preferencia *per se* por los hombres de raza negra, por la forma de sus cuerpos, porque son bien dotados y algunas por el propio color de la piel; otras simplemente los rechazan por prejuicio, sin siquiera haber probado para ver qué sienten.

Yo nunca he tenido a un negro en mi cama, pero creo que no me chocaría. Tengo un pretendiente negro, africano. Bueno, un pretendiente virtual. No lo conozco personalmente, pero nos hablamos por teléfono.

Es amigo de un amigo mío, un amigo que, a su vez, fue novio de una amiga mía y que ahora está en la cárcel en el exterior. Parece que soy buena para los ex presidiarios, ¿verdad? Los ex presidiarios y todos los malos me buscan... traquetos, paracos. No, mentiras.

El negro es un tipo que me presentó el ex novio de mi amiga, que es español, y este es su gran amigo allá en la cárcel. Es un hombre culto, deduzco por lo que he podido hablar con él. Me ha mandado sus fotos y es negro, negro, negro. No lo conozco todavía, pero no siento ningún rechazo. Al contrario, me parece un negro bueno. Es un tipo que hace muchísimo gimnasio, entonces tiene un cuerpo súper bonito; es realmente un negro lindo.

Pero lo que no siento con los negros me pasa con ciertos asiáticos, que huelen a las cápsulas de ajo que toman a diario para mantener buena salud; o los que huelen a curry. Pero no es una regla infalible; gente maloliente hay en todas partes y en todas las razas. De pronto un japonés bien clasudito podría resultar interesándome.

La verdad es que las fobias mías van por otro rumbo que no tiene nada que ver con el sexo. Por ejemplo, a mí me da miedo la calle. Salir a la calle me produce una ansiedad terrible. Esa sí es una de las cosas que no me deja disfrutar la vida. Pero si lo analizo, es un miedo de nada, un miedo a que... No sé. Es una pendejada. A mí no me gusta que me miren. No me gusta llamar la atención, pero, pues sé que eso es inevitable. Parece mentira, pero cuando salgo a la calle porque no hay más remedio, a hacer diligencias, vestida de un modo discreto, normal, como habitualmente me visto, yo sufro con las miradas de la gente.

«Es que soy gocetas»

Admiro mucho a los hombres que trabajan el preámbulo en la cama, que saben calentar bien. Eso no lo sabe hacer todo el mundo. Meterlo y empujar eso lo hace cualquiera, y eso no es un buen polvo. Los hombres son tan brutos que piensan que ponerte en todas las posiciones y metértelo y darte tres horas seguidas es ser un buen polvo. Y si se vienen diez veces: "¡Uy, qué polvazo!". ¡Ese no es un buen polvo! ¡Son tan básicos!

El buen polvo es el que te desvistió diciéndote pendejadas o con la actitud apropiada. O que te trabaje el oído sin decir babosadas. "Que estás muy buena" y ese tipo de cosas, eso no es. Buen polvo es el que es sensual, el que te hace sentir bonita y toda la cosa.

¿Meterlo? Cualquiera lo mete. Y cualquiera es capaz de ponerte en todas las posiciones. Admiro mucho al hombre que es sensual y con inteligencia sabe hacer cosas. Sin embargo, uno no se encuentra con esos personajes todos los días. De todos los que me he comido en la vida puedo contarlos con los dedos de una mano los que son medio solventes en ese sentido.

Se necesita ser muy inteligente para llegar a eso. Un hombre bruto no lo logra. Y hay un rasgo de las fiestas a las que yo asisto, que no son solamente desorden. Cuando son las putas-putas, las encerraste y te las comiste. Pero, cuando nos reunimos como en este nivel de la sensualidad, de hedonismo, vas, te diviertes, bailas, jodes, te bañas en la piscina, en el mar, montas en lancha... Todo lo que haya que hacer. Y ya por último como que te sientas y hablas, o alguien te pareció súper sexy.

No es de entrada que llegaron y te comieron. Eso me parece chévere. Por eso yo creo que el nombre de puta como tal no se identifica conmigo, porque no soy de las de simplemente llegar y desvestirse, no. Yo pienso que hay que disfrutarlo.

Yo he tenido muchos novios normales. Conocí a mis amigos, con quienes comencé a vivir todas estas cosas, antes de estar con este último novio que tuve. Que quede claro de una vez por todas que cuando tengo novios yo no sigo en mis andanzas. Y cuando estuve con él, pues nada, yo era juiciosa y súper fiel. Lo era más antes que ahora, pues me digo: si no lo respetan a uno, uno por qué carajos va a respetar a nadie.

Pero por convicción sí soy fiel. No me interesa jugar doble ni sembrar incertidumbre en nadie, ni estar inestable ni pensando que me van a pescar en la mentira. Me parece un desgaste pendejo. Cuando empecé con este noviecito ni siquiera salía. Pero una vez él empezó a embarrarla conmigo, me iba a mis fiestas, donde, así no me fuera a ganar un peso, la pasaba buenísimo. Y era a tal nivel que me gustaba, y era tan bonito todo, tan rico —porque para mí todo en la vida se lo tiene uno que gozar— que era como un desfogue.

Pero, normalmente, cuando estoy encarretada con alguien no me desordeno. Para qué. Además, yo sé trabajar. Toda mi vida he trabajado. Me he ganado la vida trabajando, no puteando. Lo de la plata, pues es porque el dinero que uno hace trabajando nunca es suficiente. Además, ¡ni porque los trabajos aquí fueran tan bien pagos!

Cuando he pedido o me han dado plata es porque de verdad he tenido urgencias de cuentas que pagar. Y eso que soy una persona muy organizada con el dinero. No me gasto más de lo que me puedo gastar. No me tiro la plata en trapos ni en joyas ni en maquillaje ni en salón de belleza. Yo sé que tengo prioridades. Me gusta vivir sola y mantener un apartamento es caro. Yo ahora vivo en este apartamento pequeño, en alquiler, pero mi apartamento propio está en un sector de estrato seis de Bogotá, y lo tengo arrendado. Siempre he vivido en estrato seis. Y mantenerse uno solo en estrato seis como mujer es costoso. Yo siempre he tenido mi carro —antes, un Mazda cuatro puertas y ahora un Mercedes Benz, modelo 82, recién reparado, con el interior perfecto.

Y tengo mi medicina prepagada y todo. Como quien dice, tengo mis prioridades bien fijadas. Primero, responder por mis compromisos y, si me sobra para ropa, me lo meto en ropa u otra cosa.

Cuando se ha dado el trabajo de tener sexo por plata ha sido algo eventual. Y como he trabajado tanto tiempo, *freelanceando* para empresas y en oficios independientes, entonces hay épocas en que gano buena plata y épocas en que no tengo. Coincide con que cuando estoy revaciada aparece algo de esto y entonces de esa plata vivo. Pero no es que lo haga para echármelo en lujos o joyas. Lo que digo: si fuera puta puta, de esas a las que no les importa nada, sería millonaria como muchas que he visto.

Pero, para eso hay que tener espíritu de puta. Y yo soy es gocetas. Me gusta el desorden chévere, fino. No el desorden plebe. Me gusta estar con gente bien. Los desórdenes con "indios" no van. Así sea por plata. Los "indios" con plata son esos que dicen: "¡Que traigan a las putas!".

Lo he visto. Niñas que tienen espíritu de putas y en dos o tres años aparecen con carro o apartamento. Pero qué. Se ven como putas y a mí no me gusta verme así. No soy *loba*, por ejemplo. Y por eso es que tengo amigos de cierto nivel. Porque cuando los hombres quieren andar con lobas llaman y contratan unas prepagos de 600 mil pesos. Pero ese ya es otro cuento. Si lo queremos llamar de alguna forma, uno tiene un mercado especial. Hay mucho tipo chévere al que, por más arrecho que esté, no le interesa andar con una loba. Entonces se tiene un mercado específico.

Los hombres tampoco son bobos

Ahora tengo unos amigos que apenas los estoy cultivando. Son de paseos y cosas así. Hicimos una fiesta con ellos. Como no son de acá, pues no nos vemos tan seguido. Les veo pinta de *paraquines*. Tengo una amiga que sale conmigo, pero es súper sana, hasta donde yo sé. Son tipos como de rumbitas y cosas como muy chéveres, que no tienen amigas amigas acá en Bogotá, entonces otro amigo nuestro les lleva cantidad de puticas. Pero, para las vainas bacanas o cuando hay algún concierto de un artista, lo llaman a uno. Y la historia es igual: "Es que nos gusta salir contigo porque tú eres amiga. Porque todas estas son una mano de perras".

A estos manes les parece muy seductor salir con mujeres que les den cierto estatus. Y por eso, haga uno lo que haga, siempre están listos a pagar todo, y si uno pide plata también le dan. Es diferente: no es que estén pagando, es que le están ayudando a una amiga.

Lo máximo que me han llegado a pagar son cinco millones de pesos, en dólares. Claro, hay prepagos que consiguen que los hombres les den carro y apartamento, pero esos son "trabajos" a largo plazo. Tengo una amiga que salía con uno de los dueños de una empresa tan famosa que no hay ningún colombiano que no haya oído hablar de ella. Salió con él por mucho tiempo. Un señor ya mayor, casado y con hijos grandes. Ella, incluso, terminó yéndose del todo para Europa.

Es una lesbianita súper linda que estuvo enamorada de mí. Como le gustaban las mujeres, le resultaba un martirio tener que estar con el hombre. Se la pasaba en paseos deliciosos, en Cartagena, con yate y todo lo demás. Al cabo de algo así como cinco años logró juntar para comprarse un apartamento. Pero eso de que los tipos les montan carro y apartamento a las viejas es más bien un mito. Mejor dicho, sí ocurre, pero tienen que comer mucha mierda para llegar a eso.

Tengo otra amiga que era del grupo de nosotros, una vieja chévere, que cuando estábamos jóvenes salía con uno del grupo de mis amigos. Todos ellos tienen mucha plata. Pues el tipo la mandó a Londres, le dio carro, porque estuvieron en esa relación durante años. Pero eso no es como que la conoció y al otro día le montó apartamento, no. Muy *enchimbada* donde le pegue al perro de una vez. Pero eso no es tan fácil, porque los hombres tampoco son bobos. Eso es con tiempito. Luego, la niña se puso de *brincona* y le *cortaron los servicios*. Todos.

Y ahora está montadísima, tiene la súper camioneta, casa, tiene un chino pero con un man ¡ugh!, nada que ver. El típico indiecito con plata.

Esa no es una vida color de rosa. Son castillitos de oro. Tener que dárselo a un *man* que seguramente no le gusta, y estar ahí por la plata, porque esas son viejas que están detrás de la plata ciento por ciento, pero tienen que soportar muchas vainas. Los hombres les pegan, las tratan mal, les ponen cachos. Y ellas saben que ellos se van por allá con otras amigas y siguen brinconeando.

Un hombre al que una mujer conozca en ese cuento de andar con putas, pues lo más lógico es esperar que seguirá en esas andanzas. Entonces, sí, digamos que les dan dinero y comodidades, pero tienen que comer mierda. No he conocido la primera que diga que es maravilloso.

Y por lo general dan con *gañancitos*: el tipo ordinario, que todo lo compra con plata. Les montan el apartamento y las embarazan, porque hay que meterle su chino para marcar territorio.

El mejor ejemplo es esa amiga que mencioné, que la vi hace poquito. Era muy linda; ahora está fea.

Le pregunté:

—Quiubo, ¿cómo vas? —uno nota a la legua cuando las personas atraviesan situaciones difíciles y problemas. Y ella:

—Sí, bien.

Es la adquisición de la estabilidad económica a costa de otras cosas. Es evidentísimo que para que tengan todas esas comodidades materiales tienen que aguantarles harto.

Pero todo va en lo que uno persiga de la vida. En mi caso, no tengo muchos muebles ni lujos, porque siempre he vivido sola, y a mí la soledad me resta mucho empuje para hacer más y tener más cosas.

La "traquetización" de Bogotá

De un tiempo para acá se ha comenzado a decir cada vez con mayor frecuencia que hay una "traquetización" de Bogotá y pensándolo bien, pues sí, hay mucho traquetico por ahí. Traquetos y mucho paraco. Y algunos paracos son gente bien. Entonces más que la traquetización, es eso, mucho paraco por ahí. Claro que lo uno va de la mano con lo otro. La plata de la droga va con los paracos. Hay mucho tipo joven. Pero no es el perfil estereotipado que muchos piensan. Ni andan en los carros último modelo ni nada que sea boleta. Son gente de un perfil muy tranquilo, gente culta, no tanto el "indio" que se veía hace años.

Son pelaos de familias de clase media bien, que están en eso porque la plata fácil le gusta a todo el mundo. Bueno, fácil y no fácil. Porque qué fácil va a ser vivir en una zozobra, sea de la clase que sea. Lo hacen más porque ganan buen dinero de una, es más por eso. Y sí, se ha venido mucha gente de fuera de Bogotá a vivir acá, porque en las regiones de donde vienen es más fácil que les pase algo. Y en Bogotá que es tan grande es más fácil camuflarse. Mucha plata de la droga y de los paracos.

Pero eso que salió en el periódico de que andaban en las Muranos, nooo. Mi cirujano tiene una camioneta Murano. Nada. La gente que anda en carros de esos es gente adinerada, industriales, empresarios, cirujanos... No traquetos. ¿Se van a poner a dar bombo mostrándose por todo el norte en esos carros? No. Se dicen muchas cosas, pero no todas son ciertas. Tampoco creo eso de que anden por ahí en los lugares de rumba y en los restaurantes, como dice el periódico.

Prepagos de televisión

Algo de lo que también se oyen muchos rumores en Colombia es que algunas presentadoras famosas de la televisión son prepagos y eso sí es verdad. El escolta de un hombre con el que salí me decía que una de estas peladas, una mujer joven y exitosa, se acostaba con el hermano de su jefe por dinero. Una vez en La Dorada, ese escolta me dijo: "¿Usted conoce a esta pelada? Esa la sacó mi jefe. Fea esa vieja sin maquillaje. Por allá la recogí para llevársela al hermano de mi jefe y era antipática".

Pues claro. Es lo que yo digo: todo el mundo, por mucho o por poco, ¡puede ser susceptible de una propuesta indecorosa! Y tienen sus historias con más de uno. Cuando a los traquetos les gustan estas muchachas, las contactan por cualquier medio, casi siempre a través de gente que las conozca y les lleve el cuento. El primo de una rubia de Manizales que era modelo, creo que era el mánager para esas vueltas. Lo de las presentadoras todo el mundo lo dice. Claro, que les vengan con 30 millones de pesos y hasta más, de un solo *volión*, ¡a quién no le daña la cabeza! Eso sí es cierto.

La amiga de una amiga mía le consiguió un contacto a un esmeraldero para llegar a una famosa modelo exuberante, que en esa época vivía en Miami. Ahí, al frente de ellos, yo oía que le decía:

—Dígale que le doy 20 mil dólares en Miami —porque se iba a una convención de piedras en Florida—, y que cuando vengamos acá le doy 30 millones.

¡Qué es eso!

Yo también lo haría. Si fuera famosa y me hicieran ofertas de esas y uno va y mira al hombre y ve como que aguanta, pues sí, hagámosle. Claro. Finalmente en este mundo uno puede ser muy bueno y muy querido y tener muchos valores y todo. Pero en este país es súper difícil vivir. Y a este planeta lo rige es la plata, no los principios morales, porque si no tienes plata no eres nada, comes mierda, aguantas hambre, te jodes y vives miserable. Entonces te toca acoplarte al ritmo que te impone el mundo.

Si a mí me importara todo un culo, juro que me acostaría con quien fuera por plata. No por tres pesos, pero por buena plata sí. Pero me falta como *ese* ingrediente para que todo me importe nada y cerrar los ojos.

Por eso, todas esas prepago llegan drogadas o borrachas adonde vayan. Creo que más drogadas que borrachas. Porque no es fácil. Es súper insoportable. Sobre todo, porque hacerlo afecta el principio más fundamental de la mujer. La mujer funciona con *sentimiento*. El hombre se come lo que se mueva. La mujer no. Entonces para las mujeres siempre será *rayador*. Por más puta y más arrastrada que sea siempre será difícil tener que comerse a un hombre que no le inspira a uno absolutamente nada.

Entonces sí, como dicen, "por la plata baila el perro". A mí me ofrecen 20 millones de pesos y hágale, porque es que 20 millones son 20 millones. Esa sí es una realidad. Si hasta los amigos hombres le dicen a uno en broma:

—A mí me vienen con 5 millones y ya, me abro de piernas.

Y de eso también tienen culpa los hombres. No es solo que las viejas sean jodidas. Es que los hombres empezaron a ponerles precio. El hombre dijo: "Por las buenas, no me lo va a dar. Bonito, bonito, no soy, como dice el comercial. Muy encantador, pues tampoco. A ver por dónde se le llega. ¡Ah, por la plata! He ahí el secretico del asunto". Y se empezaron a dar cuenta de que con plata podían conseguir todo lo que querían.

Mi amigo el paraco

Con este amigo paraco nos conocimos en una finca en Puerto Boyacá. Yo iba con un grupo de amigos en el plan más sano del mundo. Nada que ver con nada de nada. Ellos estaban con sus familias. Entonces, estando allá los escoltas del *man* me pusieron una cita.

—Venga, que es que mi jefe quiere hablar con usted —me dicen.

Yo ya me lo imaginaba. Y cuando fui adonde el tipo, me dice, de una:

—Véngase conmigo.

Como yo estaba con mis amigos, le dije que no.

—Es que le quiero dar un regalo.

—¿Sí? ¿Y qué regalo me va a dar?

—Venga, que conmigo le va bien.

Y yo: "No y no y no...". Y hasta el último momento dije no.

Pero el hombrecito me parecía chévere. Entonces me fui con él y así fue, me dio cinco millones, pero no inmediatamente. Nos vimos ese día. Nos perdimos. Y al otro día, el lío porque cómo hacía para llegar a esa finca donde estaban mis amigos, con las familias y todo. Los amigos míos me miraban con cara de culo y yo pensaba: "¡Ah!, me importa cinco". Pues es que yo no iba emparejada con nadie. Entonces los llamé para que vinieran hasta determinado lugar a recogerme, tempranísimo. No, tenaz. Y todo quedó así.

Él se iba con su gente para otra finca, por allá en Puerto Berrío y se llevó mis números telefónicos y todo. Yo dije: esperemos a ver qué pasa. Como al mes apareció, nos vimos, me contó que lo habían secuestrado. Pues todo ese mes que no llamó fue porque lo tuvieron secuestrado como dos semanas. Lo torturaron y le hicieron una cantidad de cosas.

Luego llegó a Bogotá y me llamó muy borracho a decirme que fuera, y ahí, lo acompañé. Me quedé por la noche, ni siquiera tiramos ni nada. Estaba... No choqueado, porque es un tipo que ha pasado por muchas vainas, pero sí un poco golpeado por el secuestro. Al otro día, cuando me iba a ir para mi casa, sacó la plata y me la dio. No me la dio ese día de la finca por lo que digo, no es mi estilo. Sacó cinco millones y me los dio. Pienso que al hombre le pareció un gesto bacano que yo lo acompañara, que lo oyera, que habláramos. Era lo que más necesitaba en ese momento, incluso más que sexo.

«Chao, gorda»

Por esa época me dio por hacer *casting* para ver qué conseguía. Los narcos mandaban a los escoltas a que escogieran mujeres. Hay matronas, mujeres especializadas en hacer estos contactos con las prepago. Tienen surtido de todos los niveles y precios. Y cuando uno de ellos dice: quiero unas de tanto, de tanto y de tanto, como si estuvieran comprando ganado, se las reúnen según el pedido.

Mi amiga me llamó y me recomendó para que fuera a ese *casting*:

—Vaya que este es un "duro", pero no le gustan las mujeres plebes.

Y yo:

—Ay, marica. ¡Qué boleta ir allá!, al apartamento de la vieja que gestiona los contactos.

Este tipo de prostitución funciona mucho por referidos. Mujeres que conocen mujeres. Como llevan un buen tiempo metidas en esto, las *madames* recolectan teléfonos y se llaman entre ellas y empiezan a contactar el lote que el cliente ha solicitado. Uno llega a una sala y tiene que sentarse con un montón de viejas que se miran unas a otras con algo que pretende ser dignidad, como si las demás no supiéramos para qué estamos todas allí. Una sensación abominable, porque hay mujercitas de todos los estratos y todos los pelajes. Allá me encontraba con mujeres que había conocido por ahí, en tantas rumbas locas con los amigos. Y vienen los saludos, un tanto distantes: "Hola, cómo estás". Después, cuando las traíamos con los amigos de vuelta a Bogotá, entonces ya éramos casi familiares: "¡Chao, gorda!".

—¡Las íntimas, pues! —decía uno de mis amigos.

«No crean. No hay tanto marrano»

Una amiga del colegio me dice el otro día: "¿No sientes que te boleteas andando con estos tipos?" Pero es que hay mucha ignorancia sobre ellos. No son los bandidos de película como la gente imagina. Hoy los traquetos, sobre todo los paracos, son gente rebien. No son unos pobretones; al contrario, los jefes de ellos pertenecían a las mejores familias.

Además, uno no anda con el *gil*. Al gil no se le saca a la calle. Con el gil toca hacer lo que se haga por allá encerrados, donde nadie se dé cuenta de que uno está con semejante tipo.

También me preguntaba si no me da miedo andar con gente como ellos. Si no me parecía peligroso resultar enredada en esos rollos raros de ellos. Pues no, porque yo soy brava y guerrera. Pero, además, es que uno sale a comer o a bailar con ellos y eso no es de todos los días. Además, ¿qué tengo yo que ver con que tal o cual tipo que me regale un dinero se gane la plata con torcidos?

Nunca, en siete años que llevo en esto, me han hecho pasar ningún episodio desagradable ni nada parecido. Ni de enredos con autoridades, ni siquiera un escándalo con la mujer de alguno de ellos. ¡De qué voy a tener miedo!

Las mujeres de esta clase de tipos les conocen sus andanzas. Por ejemplo, la de este paraco que me pagó allá en Puerto Boyacá. Estaban todos los de su grupo, porque estábamos en las fiestas de fin de año, y la vieja decía: "Yo sé que este le tiene apartamento a *nosequiencita*, y él va y viene. Pero yo también tengo mis guardados".

Y si uno lo piensa dos veces, pues se da cuenta de que es una mujer que todo lo tiene, muchísimo más de lo que se puede gastar. Coma callada y viva bueno. Para qué va a joder. Dónde va a encontrar a otro que la tenga así. Y no lo encuentra porque no lo hay.

Esto es lo que hablábamos con mi amiga: usted le come mierda a un hombre, pero que la tenga como una princesa. A un pobre hijueputa que no le da ni para el mercado: "Adiós", una patada y chao. Pero a uno que la tenga bien económicamente, que usted viva tranquila, que no la trate mal, que no le pegue, no la insulte, pues que haga lo que le dé la gana.

Porque hay una cosa que es cierta: la maldad de los hombres se limita a ver a cuántas viejas se pueden culiar. ¡Uf, qué malos! ¡Cómo son de malos los hombres! Siempre andan buscando a quién se pueden comer a escondidas.

El hombre pone cachos es de arrecho, de culión. La maldad de los hombres es: "¡Ay, aquella me peló la muela. Debe ser que estoy demasiado papacito!".

Mientras que la mujer sí es maquiavélica. La mujer arma cosas de otro calibre. Acuérdense de mí, señores: cuando la mujer se decide a poner cachos es porque ya tiene algo más planeado y ya ha involucrado sus sentimientos.

Otra cosa muy distinta es que hay mujeres demasiado putas y demasiado regaladas, y se comen al bonito, al feo, al alto, al bajito, al flaco, al gordo, al pobre, al rico..., ¡a todos, porque para todos hay!

Conclusión: si yo me encuentro un hombre que me tenga como reina, que vaya y haga lo que le dé la gana.

No. Mentiras. Yo soy demasiado posesiva para aceptar en serio algo así.

Pero poniéndolo en el plano de ser uno práctico, yo creo que sí llegaría a ese punto. Obviamente, hay que despegarse mucho del corazón y tratar de no enamorarse mucho de la persona, porque si no se jode uno la cabeza. Pero, si a uno lo tiene bien un hombre, para qué eso de montarle la perseguidora. Fastidian a los tipos, hacen que les cojan pereza, y si no se van a divorciar de él, para qué joden.

Y yo me doy cuenta de que ellas lo entienden así, porque en todas esas fiestas que hacemos los celulares siempre están prendidos y las mujeres ni siquiera llaman. Saben en qué están ellos.

Por eso es que pienso que es mejor ser "la otra" y no la mujer, para que a uno le toque el lado divertido del asunto. Y no se lo tiene que aguantar roncándole al lado ni nada.

No, mentiras. Esto que digo es pura mierda, que me sale del escudo de cinismo que uno se pone para sobrevivir.

Mi amigo, el congresista, el que fue novio mío, es abogado. Con él hablamos mucho de estas cosas, pero cuando hablamos nunca lo he hecho tan escuetamente como aquí. Son cosas que uno dice, pero sí es bueno tener a alguien. Y volviendo al cuento, sí, las viejas no joden. Para qué, si no van a encontrar otro así. No crean, no hay tanto marrano por ahí en la calle.

«Cuando recién estaba empezando en este tema»

Volviendo sobre mis palabras, encuentro que he narrado solo muy por encimita cosas que he vivido desde hace siete años, cuando me inicié en este tipo de vida. Pero no he dado mayores detalles de en qué consisten ese tipo de fiestas. Una de las más tremendas que recuerdo sucedió en el 2000, o sea, cuando apenas llevaba un año en este tema. Todo casi bajo las mismas circunstancias de siempre: yo había tomado —por norma, bebo muy poco, pero había metido éxtasis—, todo el mundo estaba *empepado* y, en fin, allí estábamos, prendidos y felices.

Mis amigos habían llevado un grupo de niñas. Unas, éramos las amigas de siempre, las fijas, y otras, amigas de ellos, o viejas prepago que llamaban y contrataban por otros lados, de las que se presentaran. Estábamos en esa rumba y empezaron los amigos con el cuento de que había una niña que era lesbiana y que "venga para acá", que por qué no te dejas dar un besito de ella.

Era la que después fue la amante de un empresario colombiano muy destacado, que le puso apartamento. Les había comentado a mis amigos que yo le parecía chévere, que le parecía "buena", que por qué no nos presentaban.

—Pues que me lo dé ella, si quiere —les dije a mis amigos.

La droga lo desinhibe a uno en todo ese cuento, porque era mi primera experiencia. Entonces vino y, bueno, todos enloquecidos con la vieja. Era linda, joven, todas éramos jóvenes, no tenía aspecto o actitud de marimacho ni nada de eso. Una niña muy femenina. Y como que le gusté a la niña y todo el rollo. Entonces nos fuimos ella y yo y otro amigo... La pelada me dio el beso y sí, se encarretó, y es que ella de entrada ya les había dicho a mis amigos: "Vea, está muy buena su amiga".

Una niñita costeña, barranquillera, blanca, un poco más bajita que yo, como de 1,55, con un cuerpo bonito, tetona, una cara bonita, ojos claros, de un perfil también alto, bien vestida, que hablaba bien y se veía muy suave y tranquila.

Yo no tenía ningún antecedente de haber tenido alguna relación con una mujer. Nunca. Empezamos besándonos. Los besos son muy ricos porque de entrada la piel de una mujer es más suave. La droga, además, nos predisponía. Entonces se siente todo más, la piel te parece más tersa. Yo pienso que a las niñas que son lesbianas no les gusta que la otra vieja les haga cosas. Y, efectivamente, ella decía:

—No, no, tranquila, tranquila, yo te hago.

Entonces, claro, ella me tocaba, me cogía, me metía..., de todo. Era algo así como "déjate llevar". O sea, mentalmente ellas están diseñadas para comerse la vieja que les gusta y no al revés. Estábamos todos ahí en esa sala, en esa casa; todos igual de locos, obvio; me besaba y ya en ese punto yo me imagino que estábamos todos a medio vestir. Ella me cogía y me besaba el cuello. Entonces llegaban los amigos diciendo que tan rico y me preguntaban:

—Ve, ¿te gusta?

Todas las viejas estábamos en tanga y en brasier o con la blusa abierta... Le preguntaban a ella:

—¿Qué tal mi amiga, divina?

Entonces la pelada decía:

—Una delicia...

Los hombres disfrutan mucho con eso. Se acercaban y decían:

—¡Nos las vamos a comer!

Y jua, jua, jua, el chiste. Pero sin el morbo feo; o sea, no es cuestión del morbo por lo que se está haciendo, sino que todo es como divertido.

Los tipos se quedan por ahí charlando y comentan: "¡Que bellas!".

Yo estaba con el amigo que siempre se quedaba conmigo en esas rumbas y con otro loco, entonces llegaban y claro, veían a dos viejas besándose entre sí y comentaban que "qué delicia", que "se ven súper lindas y súper buenas así". El otro decía: "Démonos un besito los tres", y nos dábamos un besito. Obviamente, ella no quería besar al amigo, quería besarme a mí. Así que yo como que besaba al amigo y ella me besaba a mí, ese era el beso en trío.

Entonces llegaba el otro y me tocaba el culo, me pasaba la mano por detrás y nos dábamos un beso, mientras el otro me manoseaba los senos... Como que no había nada feo, nada maluco, por lo que digo, era el grupo de amigos con el que siempre hacíamos las fiestas, gente conocida.

Ellos eran cinco amigos. Siempre los mismos. Y de vez en cuando invitaban gente amiga de ellos, de afuera, pero eso casi nunca cuadraba con gente extraña, porque la gente de afuera llegaba y decía:

—¡Uy, viejas. Vamos a culiárnoslas a todas!

Y no se trataba de eso. Todas las mujeres sí estábamos muy dispuestas a lo que quisieran, por plata o por placer o por lo que sea, pero no era la idea eso de venga yo me la quiero comer a usted y camine. No. O sea: "compre" primero y acóplese de manera suave. O si no de entrada todas las viejas empiezan:

—Qué *man* tan rayador, tan fastidioso —y gas, fuchi fó, le tocaba irse porque nadie lo volteaba a mirar.

Si un tipo se las daba del más culión del paseo, se quedaba solo. Ese era como el manejo.

Nos fuimos los tres para el cuarto, mientras afuera la rumba seguía y allá llegaron varios hombres. Mientras ella me comía —porque eso fue lo que hizo todo el tiempo, me comía—, mi amigo me calentaba toda. En el cuarto, la niña empezó a hacerme sexo oral... Súper rico, pues, por la suavidad y por la intensidad del cuento. Yo ya estaba muy mojada, nos besábamos y yo iba a también a meterle la lengua, pero ella no quiso. Ella me hacía sexo oral, me metía los dedos, bueno, lo de rigor.

Por supuesto, era muy diferente de como lo hace un hombre, porque ella sabía exactamente cómo debe ser, la intensidad, la presión necesaria, por dónde y todo el cuento. Me besaba y entonces mi amigo, todo loco y arrecho, trataba de comérsela a ella y ella que no, que la dejara, que no la molestara. Entonces claro, me comió a mí.

Llegaron otros y que "tan rico". Y miraban. Claro, el solo hecho de mirar los atrae. Se metieron los otros dos amigos. No me penetraron porque no consistía en que todos nos comieran a todas, sino de que ellos disfrutaran de la escena. Imagínense, la película porno en vivo. Además, si se ponen muy intensos, pues uno dice "Uy no, qué pereza". Y sí, porque de eso no se trata. No me acuerdo claramente, pero mis amigos seguramente estaban sentados al lado de la cama, unos a medio vestir y los otros desnudos. Venía uno y me decía al oído:

—Cómo te están comiendo de rico.

Y el otro:

—¿Te arrecha como te come?

Y miraban cómo transcurría todo. Y claro, lo acarician a uno, pero no participan activamente.

Yo lo hago en estos ambientes con amigos o con gente que cuadre dentro de ese perfil. Más allá de la plata o de cualquier otra cosa lo hago porque me parece chévere.

Hay gente que se divierte mucho emborrachándose y perdiendo el sentido. Yo a eso no le hallo ninguna gracia, pero para mí esto es una forma de divertirse y no necesariamente por el sexo, es por toda la mística alrededor del asunto, es jugar como con las sensaciones y con la situación.

«Quedé como la lesbiana del edificio»

Con la niña esta estuvimos un rato jugando con la comedera y luego nos hicimos amigas. Lo peor fue que la vieja se iba enamorando de mí y ahí tuvimos que distanciarla, aunque yo no tengo prejuicios con eso.

Ella me dijo que le diera mi teléfono y que nos viéramos, que fuéramos amigas.

—Bueno, listo. Pero eso sí: ten claro que yo no soy lesbiana y que no me interesa entablar una relación contigo.

Entonces nos vimos como dos veces. Dos de esas veces ella fue a mi casa. Al otro día de esa rumba, salimos. Llegó el chofer, nos recogió, nos dejó en mi casa y allí me preguntó:

—¿Qué vas a hacer?

—No, nada.

Yo tenía un trabajo de oficina en esa época y, pues, obvio, qué oficina ni que nada. Llamé para decir que no podía ir y entonces se fue conmigo para mi casa. Más tarde salimos, almorzamos y luego nos fuimos otra vez para la casa más trasnochadas que un chucho, y en mi casa empezó con los besos otra vez, pero yo ya no me sentía como tan cómoda.

Eso había sido parte de la rumba pero no de mi diario vivir. Que la vieja me estuviera besando en sano juicio ya no me pareció tan chévere. Igual, ella era la que me lo hacía. Y yo le decía:

—Hágame tranquila, si le gusta.

Yo realmente no me sentía a gusto, pero tampoco me parecía repulsivo. Nos vimos otras dos veces y sí, la vieja se *encarretó* conmigo. Fuimos a comer una vez con un par de amigos de ella y ya nos iban a llevar a la casa. Y entonces ella dijo:

—No no, yo me voy a tu casa.

—No, pero por qué, si te van a llevar a la tuya.

—Yo de tu casa llamo un taxi.

Y empezó en mi casa:

—Yo a ti te amo, Paula, yo te amo, y tú eres una mierda conmigo.

Yo, toda timbrada, le repliqué:

—No, no, no, un momentico, las cosas son claras. Yo te brindo mi amistad y todo lo que quieras, pero ya a ese punto no. Tú sabes que yo no soy lesbiana ni me interesa enredarme contigo.

Entonces ahí tuvimos un soberano agarrón. Yo vivía en un primer piso, al lado estaba la habitación del portero y la vieja, a grito herido, comenzó a armar tremendo escándalo:

—¡Yo te amo! ¡Yo te amo! ¡Yo te amo!

Y, pues, quedé yo como la lesbiana del edificio.

Así que, ya totalmente salida de quicio yo también, le dije:

—Bueno, me haces el favor y te calmas y te largas o te saco del pelo.

Y ella, que no. Yo le iba a llamar el taxi y ella me cogía el teléfono y me lo colgaba. ¡La qué escena, pues! Y yo pensaba: "Esta vieja hijueputa, me va a tocar... ¿qué voy a hacer?".

Entonces me encerré en el cuarto y llamé un taxi. Luego, posesionada de mi más grave cara de severidad, salí y le dije:

—Me haces el favor y te callas ya o te saco del pelo. Y en la vida a mí me vengas a hacer escenas y *shows* de enamorada porque no, no, no. Nada que ver. Nada que ver.

Llegó el taxi.

—¡Bueno, te vas!

La cogí del brazo y le repetía:

—Te vas calladita.

Literalmente la puse en la calle, la ayudé a que se subiera al taxi y ya. Lo había logrado.

Al otro día me llamó: que qué pena, que ella entendía, que estaba borracha y todo el cuento.

Y yo, todavía envenenada con semejante putería que me había sacado:

—Pues, mija, a mí con esos *shows* sí ni mierda. Si quieres mi amistad en esos términos, súper. Tu sabes que lo mío es la rumba y el desorden, pero que a mí vengas y me montes plan de novia en sano juicio, no, nada que ver. Me pareces súper linda y chévere, pero no.

Después, ella y yo nos volvimos amiguitas tranquilas. No volvió a acosarme. Siempre me decía que me quería. Un día me llamó entusiasmadísima porque se iba para París, adonde un amigo chef que tenía allí. Y me decía:

—Vente conmigo y yo te mantengo. Tú no necesitas hacer nada, ven.

—No, mija —le respondía yo.

Finalmente, se fue y no supe más de ella. Fue una historia muy curiosa y sin duda de las más truculentas que he vivido.

Ella también lo hacía por dinero. Era lo único que hacía para ganarse la vida. Había estado saliendo con un tipo muy conocido, que no vive en el país. El dueño de la empresa muy renombrada, con mucha plata, y, saliendo con el tipo por mucho tiempo, logró sacarle para un apartamento.

Pero esto le costó muchos años de estar ahí.

Trabajar como prepago le costaba mucho trabajo, pues no le gustaban ni cinco los hombres. Una la vez la invité a salir con un amiguito con el que yo andaba, un amigo que no regalaba plata ni nada. Y yo estaba trabajándolo a ver si soltaba plata una vez en la vida, cuando yo apenas comenzaba a darme cuenta de que a esto se le podía sacar provecho.

Era amigo de una amiga mía y yo salía con el man y todo chévere. Entonces él me dijo:

—¡Uy, un día me gustaría ver a dos mujeres haciendo tortillas!

—Ah, yo le tengo el personaje.

—¿Sí? —me dijo.

—Pero mi amiga cobra.

—¿Sí? ¿Y cuánto cobra?

—Pues yo no se cuánto puede cobrar, pero menos de un millón no.

—¡Uy no pero cómo así! —dijo. Era un tipo, pues, con plata.

—Ah, no, pues entonces no —le dije.

—Venga, como así. Vamos a comer y nos conocemos y miramos a ver que pasa y luego decidimos.

Entonces le advertí:

—Vea, pero le digo de una vez que ella cobra caro. Si no le va a dar plata la vieja no le sale.

—No, pero venga, salgamos.

Entonces organizamos el encuentro, nos fuimos a comer los tres. Eso fue antes del *show* que ella me hizo en mi casa. Salimos a un restaurante muy rico, comimos delicioso, tomamos vino y pues, obviamente, salimos achispados. Y de ahí nos fuimos para un motel de La Calera los tres.

Entonces comenzó:

—No, venga, compremos pepas, porque sin pepas cómo nos vamos a poner en el *mood* para la cosa.

Nos fuimos a la Calle 82 a conseguir pepas. ¡Qué drama, pues! Eso no es como tan fácil. Además, porque uno no se va a poner a boletearse preguntando por pepas en la calle.

Entonces, por fin, las conseguimos, nos fuimos para el motel ese y nos las tomamos. Yo creo que no nos hizo nada y entonces a mí me daba mucha risa la escena, pues el hombre era súper ansioso, pendiente de ver en qué momento nosotras empezábamos a *arepearnos* y él dispuesto a ser la estrella de la película. No sé, a mí me dio fue risa y empezamos a saltar en bola y él a besar a mi amiga. Y la mujer me miraba como diciendo: "Uy, quíteme ese *man* de encima. No, ¡qué pereza!".

La cosa se complicaba, pues la amiguita me daba besitos y todo el cuento, y cuando el *man* se metía, pues ¡ah!, se rayaba la loca porque el quería era con ella, conmigo ya había estado varias veces y quería hacerlo con ella y la vieja no. Y yo pensando: "¡Ah! ¡Qué maricada con este man!".

Finalmente se comió a mi amiga. Y mi amiga con el man encima, él tirándosela, y ella diciéndome con las manos: "¡Quítemelo, quítemelo!"

Y el tipo emocionado. ¡Si los hombres supieran! No, ellos se las dan de tremendos sementales y los polvazos, ¿no? Como que no saben de las circunstancias del placer.

Entonces, nada, nos fuimos de ahí y, bueno, mi amiga no me dijo nada ni de plata ni de todo el cuento, y a los dos días le comento a mi amigo:

—Oiga, quiubo, que mi amiga le manda pedir lo de ella.

—No, pero cómo así. No me haga eso.

—Yo le dije, yo le dije a usted —le respondí.

Y me pregunta:

—¿Cuánto es?

—Un millón de pesos.

—Nooo, pero cómo así.

—¡Uy! Usted si es chillón. ¡Puf, qué fastidio, pues!

Se *lichiguió* horrible y pues eso no se hace. En otra oportunidad me vio y volvió con lo mismo.

—Ven, Paula.

—Usted ya sabe cómo es conmigo.

—Pero cómo eres, Paula.

Nunca me pagó. Esa vez me dio como $400.000 pesos y yo le dije a mi amiga:

—Oye, yo le dije a este *man* que tú le habías mandado a pedir una plata y lloró y jodió y nada.

—¿Cuánto te dio?

—Cuatrocientos.

—Nada, cógelos tu.

—Pero los pedí para ti.

—Nooo, fresca, cógelos tu. Que güevón, es para que se dé cuenta —me decía. Ah, no, eso que les cueste.

Es que lo van aleccionando en el camino las mismas amigas, ellas le van diciendo a uno.

Nunca más lo volví a ver. Bueno, en otra oportunidad nos encontramos rumbeando y quedamos en que nos veíamos otro día para comer.

—Ay, venga, usted como está de linda.

—No, mijo, ¿a usted no le da pena lo que me hizo con mi amiga el otro día. ¡Qué líchigo! Usted sabe cómo es.

—Pero venga, negociemos.

—No, cuál negociemos, es tanto o es tanto, ni un peso más ni un peso menos. Además, tantas veces que ha estado conmigo y no le ha costado nada y usted sabe que chévere. Entonces deje de ser tan *chimbo*.

Había estado con él las primeras veces de chévere. La pasábamos rico, me daba plata; fuimos dos veces a

Cartagena con él, con mi amiga la que me lo presentó y un primo de el y estuvimos rico.

Y nunca más nos volvimos a ver.

Hola, somos tus novios

Con cuatro amigos del grupo, de los que digo que soy la novia de los cuatro, hemos hecho unas orgías impresionantes. ¡Ay, Dios mío, esto sí no se lo he contado a nadie! Puede sonar pasadísimo, pero yo no le veo nada de misterio.

Cuatro tipos al tiempo. En una noche puedo estar con uno un rato y otro rato con el otro, o con dos o más al tiempo también. Chévere.

Pero nunca he tenido ese tipo de penetraciones dobles que se ven en las películas: uno por delante y uno por detrás, o los dos por delante, o los dos por detrás. No me llaman la atención, me parece grotesco. Nunca se ha dado con los amigos y no se ha dado seguramente porque a ninguno de ellos le parece chévere esa imagen.

Fue como la segunda vez desde que los conocí y resultó muy rico porque no hubo tanta gente. Me acuerdo que hicimos una fiesta, un almuerzo en una casa que tenían en esa época en las afueras de Bogotá, donde hicimos unas rumbas excelentes.

Llevaron un chef japonés y comimos sushi y todo súper exquisito.

Recuerdo que estábamos al lado de un jacuzzi, en la parte exterior de una casa. Luego comenzó a lloviznar y nos entramos a la sala.

Esa noche, finalmente, probé el éxtasis y me predispuse. Y como todos estaban lindos y cada uno tenía su encanto, pues igual, chévere, estuve con los cuatro. Estaba un rato con el uno, el otro me besaba, el otro me cogía las tetas, el otro me estaba penetrando. Todo con condón.

Decimos, mamando gallo, que aquello es "La feria del condón", porque hay paqueticos de condones por todas partes, y al final el reguero de esos papeles en que vienen envueltos es fenomenal.

El caso es que habían traído varias viejas, pero yo no sé qué pasó y todo el mundo se fue abriendo y yo terminé quedándome sola con los cuatro. Me decían:

—Ven, ¿quieres probar?

Yo no soy adicta a nada y ya sé que consuma lo que consuma no me voy enviciar con nada.

—Listo, venga probemos.

Las drogas como el éxtasis lo predisponen a uno para ciertas situaciones.

Recuerdo que ese día todos me coqueteaban. Son todos tan amigos entre ellos que parecieran tener un acuerdo tácito: "Fresco, si usted le echa los perros todo queda en familia".

Estábamos en un sofá junto a la chimenea. Uno me besaba en la boca, el otro me besaba los senos, el otro me hacía sexo oral, luego se quitaba y me lo metía, mientras otro me besaba y me acariciaba el pelo, los senos, la espalda. Me pareció chévere, sin nada de misterios. El uno me lo ponía para que se lo besara mientras el otro me penetraba. Era la primera vez que probaba el éxtasis y yo estaba reloca esa vez, tan loca que recuerdo que un amigo gritaba:

—Quítenmela, quítenmela de encima.

¡Así sería la intensidad mía para que él gritara eso!

Y en eso duramos hasta la madrugada. Creo que todos me comieron esa noche. Me pareció chévere. Es que bajo el efecto de las drogas es todo como normal, como sin malicia. No es con el afán de "venga me la como y se lo meto hasta por acá y la destrozo". No. Es algo muy bonito.

En cambio, a las prepago que llevan nunca les dan besos en la boca. Siempre las culean, claro, pero no les dan besos en la boca ni les chupan la cuca. Nada de eso. Hay como cierto código ético establecido de todo aquello que no debe hacer con las putas. Son para culiárselas y ya.

Yo era la novia de todos. Los cuatro más amigos me llamaban después por teléfono y ponían el altavoz y me decían: "¡Hola, somos tus novios!".

Eso es lo que suelo hacer con ese grupo de amigos. Rumbas y todo lo que sea y, luego, ellos me hacen favores.

Pero hay hombres que no son tan tranquilos y solo están a gusto con una única mujer para ellos. Es lo me que pasó hace poco con unos amigos con los que nos fuimos de rumba. Yo salgo con uno que es un bacán. Y llegó otro amigo de él de Estados Unidos y le gusté, pero él no estaba enterado de que yo tenía relaciones con el otro. Entonces un día nos enrumbamos los tres y nos fuimos a un sitio. Cuando el amigo que había llegado se metió al cuarto, estaba yo con el otro, y reaccionó como diciendo: "¡Uy!, ¿Cómo así?"

Y mi amigo, con el que yo he venido saliendo, pues dijo:

—No, este man como que se entusiasmó acá y se salió porque se estaba medio rayando.

Por eso es que yo digo que es difícil sentirse bien si uno no recurre a emborracharse o a un poco de droga.

¡Estas viejas están muy melindrosas, hombre!

Otra rumba que yo me acuerde, como chévere, fue la vez que estuvimos en Cartagena. Nos fuimos para Islas del Rosario en una lancha que contratamos. En el viaje, en la embarcación iba un amigo tendido y una mujer que él había llevado, estaba totalmente empepada y borracha e iba mamándoselo. Todos estábamos casi desnudos, las mujeres con las tetas al aire, bronceándonos. El negro que piloteaba el bote empezó a acelerar y la lancha a dar saltos, y era muy cómico porque la vieja trataba de chupárselo y no acertaba a hacerlo por los movimientos del bote.

Por la noche llegamos a una discoteca famosa de Cartagena y fue una noche muy loca. Todas nos besábamos con todos, las viejas nos subíamos encima de los parlantes, con unos vestiditos chiquiticos y sin ropa interior, y los meseros y la gente que estaba allí bailando se quedó boquiabierta. Un desorden impresionante.

En otra rumba... ya habrán notado que en todas las rumbas siempre pasa básicamente lo mismo, pero lo que cambia es el escenario, estábamos en Girardot. Llevaron a todo un ejército de prepagos. A ellas se les llama así porque llegan al sitio y lo primero que dicen es: ¿usted cuánto es que me va a pagar hoy? Hacen el negocio y listo, de inmediato ellas entran en *actitud*. Estábamos todos metidos en el jacuzzi, y las viejas, como habían ido sin saber para tierra caliente, estaban en brasier y en tangas, y los amigos míos, no de los que he venido hablando sino otros, unos paisas, trataban de hacer que se quitaran la ropa interior y ellas "ay, no", todas misteriosas. Entonces, uno de estos amigos decía:

—¡Ay, no, estas viejas están muy melindrosas, hombre! ¡Cambiémoslas! ¡Llamemos y que nos las cambien!

Entonces les dije a las mujeres:

—Vean, ustedes están bien lindas pero muy misteriosas aquí. ¿A qué vinieron? No pues, mijas. ¡Quítense ese brasier! ¡Qué boleta ustedes con ese brasier metidas en este jacuzzi! ¡Eso sí se ve muy *mañé*!

Pues, lo que ellos no habían logrado en dos horas metidos en ese jacuzzi, en dos minutos les hice quitar la ropa interior a todas. Estábamos las que habíamos ido con mis amigos; otra amiga, novia de un amigo de los del grupo, yo y otra pelada. El resto eran como 15 viejas que mandaron llevar. Entonces, nada, las viejas ahí empelotas y los hombres pidiéndoles que bailaran en el tubo de la sombrillita del jacuzzi.

—No, hagan algo en ese tubo, ve. Póngales música electrónica o alguna cosa a estas viejas. ¿Es que ustedes no saben sino dar lora y reírse ahí como unas bobas?

Yo estaba de espaldas a las viejas y me decían:

—Entonces usted también quítese el top del vestido de baño.

—Es que a ustedes les están pagando aquí y a mí no —les decía yo.

—¡Ay! ¿Cómo así? ¡Se lo quita!

Se me vinieron todas en manada y me obligaron a desvestirme.

A mí me divierte todo este desorden, ver como los hombres y las mujeres interactúan: los tríos, las viejas que se besan, arepean ahí un rato. Nunca me ha tocado ver dos hombres que estén teniendo sexo. El día que yo empiece a ver eso, como que ya no me gustará más el cuento.

A mí me gustan las cosas con clase y bien manejadas. No soy de ambientes pesados. Aunque sí reconozco que esto a mucha gente le parecerá un ambiente súper pesado. ¿Cómo así que en una casa de descanso uno se encuentra con la gente para hacer orgías en las que todos se comen a todas, y una mujer se acuesta con el uno ahorita y al otro rato con el otro?

Pero, igual, eso está muy de moda hoy en día. Todo el mundo que participa en estas rumbas sabe cómo es el manejo y que la plata allí es un accesorio de la diversión. No siempre hay plata. Es más como reunirse para cultivar la amistad. Y si uno necesita, entonces habla. O el amigo te dice: "Te voy a hacer un regalo". Pero no es que a la fija, cada vez que salgas con alguien vas a hacerte una plata, porque se pierde la mística del cuento.

«Lo que más me gusta de mi cuerpo son las tetas»

En esto usted puede encontrarse tipos que hasta le regalan a uno dinero para hacerse cirugías, por ejemplo.

No es una cosa como que en el instante uno se lance: "Vea, me quiero hacer las tetas, quiero unas tetas". (A mí realmente lo que más me gusta hoy de mi cuerpo son las tetas que me mandé a poner, porque el busto grande me parece bonito. La nariz también me la operé, pero porque tenía el tabique torcido, pero mi nariz siempre ha sido respingada).

Entonces, bueno.... Con Alberto, este amigo que me regaló las tetas, estábamos en una finca, cuando llegó una amiga y se le sentó en las piernas y contó:

—Ay, como quiero a este Betico que me regaló para las tetas.

—¡Cómo así, Alberto! ¿Usted le dio para las tetas? —le pregunté—. No, yo también quiero unas tetas.

—¿Usted también quiere unas tetas, mi amorcito? Ah, bueno. Listo.

Al otro día yo me quedé pensando. A este hombre creo que se le va a olvidar. Y le digo:

—Ay, Beto, ¡mis puchecas!

—No, nada, pase.

Entonces me regaló la plata. Se fue, pues ellos ya no viven acá, y me llamó el otro día. Y le conté:

—Oye, Beto, no nos hemos visto. Ven que nos tenemos que encontrar. Tú no me has visto con mis nuevas tetas, si vieras cómo me quedaron.

—Ve. Verdad. Tengo que ir porque esas son mías.

Así, a la larga, uno puede generar un beneficio económico más grande que el de las prepago normalitas. Pues sí, porque cobran un millón por el polvo al que vayan y mal que bien uno puede lograr más. Y yo porque no le he jalado al cuento de meterme con uno de ellos en serio, pero una amiguita sí se instaló con uno de ellos en serio y se la llevó a vivir afuera y le daba de todo y **todo**.

Era una muchacha muy cercana a mí, a la que conocí porque coincidíamos en todas las rumbas. Vivía con su mamá aquí cerquita, en un apartamento que le regaló un señor de mucha plata con el que salía hace tiempo.

El hombre con el que se metió la mandó a hacer un intercambio en Europa. Cuando vino, yo me encontré con ella y me contó que había terminado la universidad y que ya la tenía haciendo un postgrado. Trabajaba en una empresa y vivía de manera normal.

Vivía solamente con los amigos, salía con ellos y a veces con este señor adinerado, que estaba pendiente de ella todo el tiempo, y que la mantenía, pero ella no vivía con él ni nada.

Pensarán ustedes que yo solo pienso en pasarla bueno y no más. Pues yo sí quisiera enamorarme, pero, ¡qué se va a enamorar uno en esa rumba, ahí no hay espacio para enamorarse!

Una vez estábamos hablando, no me acuerdo de qué, con Alberto, el que me dio para la operación y con otro amigo, y yo les dije:

—¡Ah, listo! Entonces me mantienen entre los dos.

—No, no, no. Es que *yo* te puedo mantener solo. ¡Cómo así!

Yo me imagino que si uno pedalea el tema en serio, entonces consigue quien lo mantenga y ya. Pero con uno de estos amigos de los que he hablado, como el que te digo que se fue para el exterior, él viene en plan de novios y me dice:

—De verdad. Cuenta conmigo.

Claro que el otro día me vino con una historia como medio dura y yo le lancé la pregunta:

—Ven, ¿cierto que tu tales y tales y tales?

—¿Tú cómo sabes?

—Me lo intuí. Pero mira, yo no tengo prejuicios con la gente, ni de lo que hace ni de su historia ni de lo que le ha pasado en su vida ni nada.

Resulta que el hombre venía de pagar cárcel en el exterior. Y me decía:

—Es que yo no te contaba porque pensaba: una pelada como vos, que sos una niña de familia bien, ¡qué va a andar con un *man* salido de la cárcel!

Y yo le dije:

—Desde que no hayás matado a nadie, no hay problema.

Y sí, él está como pendiente de mí. Está siempre como ahí y bien. Sí, hay espacio como para encarretarse. Los otros amigos como están casados, pues no están en plan de encarretarse con nadie.

Entonces esa es la idea. Siempre hay que meterle algo de sensibilidad, algo de corazón al rollo, porque si no, no tiene gracia y termina siendo eso: acostarse simplemente por plata.

Un buen polvo no se puede describir

A los tipos con los que me acuesto indudablemente les parezco un buen polvo. Muy buen polvo. Eso es lo que me dicen. Yo me imagino que así lo sienten, precisamente porque no es solamente el polvo.

Porque en cuanto al sexo todo el mundo sabe hacer lo mismo. Todo el mundo lo chupa, por decirlo de alguna forma. Pero no todo el mundo lo hace bien. Lo que hace la diferencia es la técnica.

Eso es lo que me hace buen polvo, que el buen polvo va más allá. Porque el buen polvo comienza mucho antes de desvestirse: es química; es una energía sexual fuerte; es cuestión de actitud; es una energía especial, es una magia especial, que yo sé que la tengo, porque alguien que conoce del tema de las energías me ha ilustrado un poquito acerca de eso.

Y sí, cuando hay sexo pues sí hay como una oportunidad de encontrarse en torno a esa energía especial.

Pero ya dije y lo repito: no es el tener sexo toda la noche ni moverse en todas las posiciones ni metérselo hasta por las orejas. Es algo que no se puede describir con palabras. Un amigo me decía: "Lo que me atrae de usted, lo que la hace un polvo insuperable, es como usted huele; huele a rico; a algo puro; no solo a jabón y perfume". Tampoco es oler a sexo. Es como uno huele, como mira, como se expresa, el lenguaje físico, eso que se dice sin hablar.

Yo realmente no sé con claridad absoluta qué será ese algo que llama a la gente, que hace que se sientan atraídos por mí; todavía no soy consciente de eso y, si fuera consciente, me imagino que lo explotaría mucho más.

Es una forma de pensar; es también lo espiritual, la personalidad, lo que transmite el alma, lo que transmiten los ojos, no sé. Es algo que una persona inteligente, una persona culta sabe leer entre líneas. ¿Un bruto?, ¡que va! Un bruto va es a ver a qué horas se la va a tirar.

Es más como hablamos e interactuamos con muchas cosas. Para mí un buen polvo es eso, que tenga condiciones especiales. O sea, entre más avispado se las quiera dar, entre más interesante y yo no se qué, menos puntos gana.

Es la simplicidad de algo que tiene esa persona, que no se las quiere dar de nada ni se lo quiere comer a uno. Ese es el mejor polvo de todos. Y por experiencia he probado que sí, que buenos polvos son personas sin tantas expectativas.

Pero "buen polvo" sí, sí me han dicho. Todos me dicen que soy su mejor polvo. ¿Será un cumplido? No, no creo. Pues tan buen polvo seré que las viejas se van como enamorando y eso que yo no les hago nada. ¿Qué tal si les hiciera?

«Solo con el que tiene menos afán de comérselo a uno»

Yo no sabría decir con exactitud cuántas personas puede haber como yo. Muy poquitas, pienso, que manejan el asunto más o menos como yo, que no viven de esto al 100 por ciento; y que sus salidas son ganancias eventuales y "extras".

Diría que conozco a menos de diez personas así, que no se meten con el que les toque, sino con el que tienen *feeling*. O sea, con el que ven que tiene menos afán de comérselo a uno. Cuando uno los ve con ese afán, ¡ay no, qué pereza! Ahí no hay química, ¿me entiendes?

Yo pienso que a la gente le gusta estar más con uno y sale más con uno por la tranquilidad de hacerse acompañar de alguien con quien se sienten bien. Porque, igual, uno sale a comer con ellos, a bailar, a rumbear, y pueden sentir la tranquilidad de que puedes ser su amiga, y qué mas rico que estar con alguien con quien te sientas bien en otros planos y no solamente en la cama.

O que si te sentís bien en otros escenarios, pues obviamente te sentís bien en la cama con esa persona, y eso es muy satisfactorio y vital para los hombres.

Sí, somos mujeres en igualdad de condiciones con nuestros amigos, que hemos estudiado, que hemos viajado, que hablamos otro idioma, que manejamos un nivel cultural un poquito más arriba del promedio. Con un estilo de vida similar, gente de estrato 5 y 6, y que nuestra forma de ganarnos la vida es trabajando.

Medio mundo utiliza al otro medio

Es tan simplista decir que uno usa a las demás personas. Quiero decir, que trate a estos amigos sólo como un medio para conseguir dinero y solucionar problemas que se me presentan. Porque, sin duda, yo también encuentro una dosis de placer en lo que hago. Pero si lo pienso dos veces, comprendo a quienes piensan así.

Les respondo: de alguna forma, en la vida todos utilizamos a las personas para algún fin, en mayor o menor medida. Todos lo hacemos. Medio mundo utiliza al otro medio. Mis relaciones en el diario vivir con la gente no son así, de que todo al que conozco lo objetualizo, pero si necesito salir de algún aprieto que tenga en el momento, económico o de cualquier índole pues sí, busco cómo solucionarlo de cualquier forma, sea mediante esto o mediante cualquier otra forma.

Nunca he tenido un apuro económico tan grande que me haya obligado a llamar a alguien para que me coma. Pensándolo bien, sí los he tenido, pero los he solucionado por otro lado, pues me parece muy difícil llamar a un amigo y soltarle: "Oye, necesito una plata, por qué no nos vemos y te lo doy".

Confieso que he estado muy tentada, con el tema del arreglo del carro. Sí, sí pensé en llamarlo, pero finalmente la plata salió por otro lado. Finalmente un amigo me la prestó, pero no se la he devuelto y creo que está bravísimo conmigo.

Que me acuerde ¿solo por plata?, no. Pues para esa gracia llamo a cualquiera de mis tantos amigos con los que me he acostado y les digo ven, préstame esta plata, regálame, cualquier cosa. Pero que yo llame y diga: "Ven cómeme y dame tanto", no.

Además yo no tengo una base de datos de gente con la que haya salido, como para decir: "Muestre a ver, a quien llamo..." Nooo.

«Se lo he contado todo a mamá»

Mi mamá lo sabe todo. Lo que yo hago, yo misma se lo cuento. Pues, obviamente, no todo. Mi mamá sabe que pruebo el éxtasis, sabe de esas rumbas, sabe que mis amigos a veces me regalan plata y le parece bien. Bueno, no le parece *muy* bien, pero, igual, es lo que ya decía, de esto no dependen mis ingresos ni esto es lo que yo hago para vivir. Entonces me dice que no sea boba, que cómo un güevón se lo va a comer a uno gratis; que si se lo van a comer a uno por plata o por algo, pues mucho mejor.

Esta manera de ver las cosas la defiendo yo por el enfoque que ya he dicho: esto no es lo que hago yo para vivir. Mi mamá sabe que yo soy una vieja ahí como medio pila y que hago otras cosas. Siempre he trabajado de verdad, verdad. Esta es otra vaina, que son ingresos ocasionales, por gusto, no porque me toque, porque me gano la plata de otra forma.

Entonces mi mamá no lo censura, me imagino que porque ve que llevo una vida ordenada, una vida bien. Pienso que si ella viera que yo vivo de otra manera y que esta casa estuviera llena de muchachitos en un despelote tenaz, sí estuviera en contra de la vida que llevo. Pero no, ella no me censura del todo, al contrario.

Y ese cuento se lo he oído toda la vida a mis tías: "Ah, no sean bobas. Si lo van a dar, que obtengan algo a cambio, pues darlo gratis sí no".

Lo que decía un amigo mío es cierto, hay un dilema que siempre ha existido entre hombres y mujeres: los hombres se las quieren comer y las mujeres siempre quieren algo a cambio. Como los hombres no se comprometen ni nada con las mujeres, pues que sea a cambio de plata, cosas o lo que sea. Mejor dicho, que les cueste por algún lado.

Claro, no faltará quien diga: qué tan puta. Para la gente normal puedo ser una puta. Pero eso es muy relativo. Yo no diría que soy puta, aunque haya recibido algo material en reciprocidad por algún favor sexual.

Si tuviera que escoger una palabra para denominar mi actividad, no me quedaría con ninguna de las que podría tener sobre la mesa para escoger. Yo lo que soy es libertina sexual. Lo que pasa conmigo es que soy desinhibida.

Pero puta no.

A la gente que trabaja con su cuerpo y se lucra con su cuerpo se les llama trabajadores sexuales, está bien.

Pero no me digan que la que se lo da al amigo, al amiguito, al que yo no sé qué, a aquel por lindo, a aquel por buena gente, a aquel por otro motivo, esa no es una puta. Porque, ¿darlo por nada? ¿Por puro gusto de oírlo traquear? ¿Porque sí? ¿Qué diferencia hay?

Puta es darlo gratis, por gusto, o es acostarse por plata con el que sea: con el prototipo camionero hasta el prototipo presidente de multinacional, político, senador, lo que sea en las condiciones que sea. Que se la lleven para Muzo (Boyacá) o para las Bahamas. Eso es ser puta.

Lo que quiero decir es que hoy es tan puta la que lo da y lo da por nada y se lo da a cualquiera, como la que lo da y cobra.

Pienso que ser puta-puta, como las profesionales, digo yo, es más una cuestión de actitud. Normalmente las putas-putas que viven de eso no tienen vida aparte. Lo digo porque he hablado con ellas. Son mujeres súper depresivas, que viven para la noche. Y, en consecuencia, viven o borrachas o drogadas y en el día no hacen nada. Por lo general tienen hijos, una camada de hijos que hace que ninguna plata les alcance para nada. Tienen una vida vacía. No se dedican a nada más, no "piensan", no han construido un mundo interior, no se han cultivado ni enriquecido con lecturas, películas, conciertos, viajes. Se les va todo el día en ver quién las llama para el próximo polvo y en hacer cuentas de lo que se les va en los gastos del mes. Se visten como tales, piensan como tales, pero no miran más allá de las cosas. Ni sueñan con un mañana posible. Ya como que no tienen ni sentimientos, porque el amor les vale huevo. No tienen principios ni de amistad ni valores ni nada.

"Prostituta" es una expresión que a mí no me cabe, porque detrás de esta palabra está el verbo prostituir, que es corromper el alma por algo material. Y a mí nadie me está corrompiendo ni nadie me está forzando a hacerlo. Yo lo hago porque me gusta con quien me gusta.

Y, valga la aclaración, hoy todo el mundo tiene precio, como dice el tango. Todos lo tenemos. Todo el mundo se corrompe o se prostituye por algo, a todo nivel. El mundo entero está prostituido porque todos cambiamos algo por algo.

Además, a mí nadie viene y me tira un cheque cada mes por debajo de la puerta para pagar mis cuentas. Pero, si el término es ese, pues bueno, listo: soy puta.

Uno manda mensajes con su cuerpo

Que quede claro que todo cuanto he hecho ha estado dentro de los parámetros de lo que a mí me gusta. Nunca he hecho cosas raras como sadomasoquismo ni nada de esas estupideces. Cosas raras, no. Nos untamos cosas, nos disfrazamos, todo es parte de un juego y todo es parte de la filosofía de manejarlo chévere; es una rumba.

Nos disfrazamos de colegialas, de enfermeras, de uniformadas, de muchas pendejadas. Pero yo también pienso que esas cosas se hacen según el perfil de la gente que uno conoce.

Yo no soy del tipo exhibicionista, de esas mujeres que se les acercan a los tipos y les mueven las tetas en la cara, como las estriptiseras. Nunca, ese no es mi estilo, eso es para otros medios, para otros estratos. Y no es por tirármelas de café con leche ni de estrato 20, sino que yo voy con todo lo que tenga clase y con todo lo que sea bonito y estético...

Yo me imagino que si un hombre va y contrata a una puta de la Avenida Caracas, pues está en su derecho de pedirle cosas realmente sucias, porque si ellas están ahí paradas es porque para eso están.

Es evidente que uno manda mensajes silenciosos, pero explícitos, con su cuerpo, con su actitud, con su lugar de trabajo. "Vea, yo soy esto, este es mi perfil". Sin creerme estrato 21, cuando uno entabla una relación, uno siente que ellos son conscientes de que están con alguien que es su igual, pues habla de lo mismo, maneja el mismo lenguaje, habla de las mismas cosas, de los mismos sitios donde uno se encuentra con los mismos amigos.

Igual ocurre con el trato al hombre, ellos perciben que están con alguien a su nivel, que uno no es la vagabunda a la que le echan el polvo y tome su plata o se la ponen ahí en la mesita de noche, como me imagino que lo manejan en muchas partes, sino que uno tiene la libertad de llamarlos: "Necesito tal plata". Por eso yo decía que chévere salir, conocerse con la persona, ir a comer y tomarse algo. De entrada, cuando me he conocido con alguien, el tema de la tirada nunca se da en esa ocasión.

No quiero que se hagan la impresión de que yo les doy mucho rodeo a las cosas, pero me parece de quinta categoría manejarlo así.

Lo que sucede es que si usted tiene una necesidad física urgente de culiarse a alguien, de meterlo o hacerse la
paja con una mujer, pues para eso hay muchas viejas en
infinidad de sitios, que han sido creados expresamente
para eso.

Yo creo que este tipo de sexo con las prepagos de mi
nivel no es de ese carácter pobretón. Lo digo porque
así mismo uno siente a los tipos, sin ninguna clase de
afán.

Por esto es que ellos saben que no se encuentran con
alguien inferior a ellos. Saben, por eso mismo, que no
hay que hacer proposiciones horribles ni pedidos sór-
didos.

Ganancias eventuales

Mi conclusión sobre la prostitución común y corriente —el caso de estas mujeres que se dedican ciento por ciento y de por vida a esto, habiendo tantas cosas que una persona puede inventarse para ganarse el sustento, así no paguen tan bien—, es que suena absurdo cuando dicen: "Hago esto porque me toca".

Si terminan haciendo del sexo su forma de obtener todos sus ingresos, llámese como se llame, para mí es muy obvio que lo hacen porque les gusta.

Quienes no dependemos de manera total en nuestros ingresos del sexo lo hacemos, en principio, por gusto y porque ganarse la plata así es fácil, divertido y uno conoce gente, hace amigos, entabla relaciones con gente agradable.

Y cada vez es mayor la oferta, en todas las formas y variedades. Ahora están de moda los bares *swinger*. Eso sí es putearse simple y llanamente, porque estás yendo a cambiar a tu pareja. No te motiva nada más que el placer de ver que se te coman a tu mujer o a tu marido o a tu novia o a lo que sea.

Yo lo haría, pero no con mi pareja estable. Uno no hace locuras con su pareja estable, porque así nunca será estable. Es difícil manejarlo después, cuando, pasado el calor de los acontecimientos, te quedas pensando: ¿por qué mi mujer o mi marido ponía cara de estar tan feliz con ese tipo o con esa otra mujer? Es un sentimiento que corroe el alma y quita el sueño. La naturaleza del ser humano es que cosas como esa dejan huellas que dañan la pareja.

Unos amigos me han dicho que vayamos a un club *swinger*. Y, lo más probable es que pronto lo haremos, pero eso no es para hacer con el novio.

Con mi ex novio, cuando nos conocimos, en medio de una rumba, pasó algo que me dejó marcada. Fue en mi casa, una muchacha había ido con su noviecito y el hombre se le quedó dormido en la sala.

Ella también andaba ya muy loca y muy borracha y fue a buscarme a mi cuarto, desnuda, porque ella cuando se emborracha le da el amor por mí. Yo estaba con mi novio, tumbados en la cama, tirando, y él pensó que ella había ido a que él se la comiera; entonces comenzó a hacerle el amor delante de mí y yo hice como que no me importaba.

Apenas estábamos empezando a salir con ese novio, pero siempre me acordaré de que una buena parte de la desconfianza que siempre le tuve a él nació con ese episodio. Un desastre. La imagen siempre se me venía a la cabeza. Son cosas que dañan de modo irreparable la relación de pareja.

Yo tengo unos amigos en Cartagena que son jóvenes, pero están casados hace muchos años. Ellos tienen una relación abierta. Claro que es más lo que ella sale con otros, que lo que él sale con otras. Ella sale a comer gente, a comerse a otros hombres. Es cheverísimo, porque todo parte de un acuerdo, pero cuando él sale con otra mujer, ella se alcanza a sentir afectada. ¿Cómo hacen?

—Yo no puedo pretender que una mujer que lleva 15 años de casada conmigo esté solo conmigo. ¡Qué jartera! Si yo la quiero conservar a mi lado debo permitirle que vaya y explore otro mundo, que vea que no va a conseguir otro igual, tan comprensivo como yo —dice él.

Y están juntos y les funciona, pero lo debieron haber planteado muy al principio de la relación, porque imagínense una pareja que lleven 15 años de casados y de un momento a otro digan: "Ay, por qué no hacemos un trío con alguien". ¿Un trío? ¡La chimba! ¡Claro que eso no funciona!

«Hacia dónde voy»

¿Qué quiero realmente de la vida? Quiero una familia.
Pues sí, estoy ávida de una familia y de una estabilidad con alguien. El sentido de familia sí es importante
para mí. No me van a reconocer y se van a burlar de lo
que estoy diciendo.

Quiero un trabajo. A mí me gusta el trabajo. Siempre
en cosas que sean independientes, pues para conver-
tirme en empleada tendría que ser un trabajo que me
gustara hacer y que me pagaran bien. No me emplearía
solo por plata. Voy encaminada a sentirme tranquila,
cada cosa que hago en la vida es como tratando de
que me realice en el nivel personal, de que nutra mi
espíritu ante todo.

Quiero conocer a alguien con quien formalizar el
cuento de familia y eso. Hacia eso voy, básicamente,
en la vida.

Soy capaz de vivir con poco dinero al mes. Como mínimo, para suplir los servicios y el mercado, y gastos como el plan de salud, gracias a que no tengo hijos ni personas a cargo. El único es el perro, este perro que recogí de la calle. Este "hijo" me salió más barato que el anterior que tuve, que, como era tan fino, todas las semanas había que llevarlo a la veterinaria y cada semana me costaba como doscientos, trescientos mil pesos.

En síntesis, nadie me da ni le tengo que dar a nadie. Gracias a Dios. Eso me lo he forjado yo sola. Nunca he tenido la expectativa de tener hijos ni nada de ese cuento.

«Quisiera reencarnar en un animal»

Creo que soy una persona de buena suerte. La suerte es para mí estar en el momento adecuado, con la gente adecuada y en las circunstancias adecuadas.

De alguna forma la suerte me ha acompañado, no tanto como quisiera o de pronto como que la he desaprovechado.

Pero sí, es claro, tengo una suerte maravillosa. Tengo mucha suerte de que las circunstancias que me han rodeado en la vida hayan dado resultado, tengo suerte de que yo sea la persona que soy, tengo mucha suerte por las personas y por las circunstancias que me rodean.

Creo en la reencarnación de las almas. Creo que en una vida anterior pude haber sido uno hombre. De hecho, en mi inconsciente creo que me gusta más ser hombre. No me refiero a que me sienta machorra ni una mujer viril ni nada de eso.

Pero sí me doy cuenta de que es más fácil andar por la vida siendo hombre. Ufff. Es como más chévere y divertido, hay como más libertad de hacer las cosas. Qué pude haber sido en una vida anterior... No sé, alguien como con mucho carácter, alguien como con poder, alguien como de otro país, como del Oriente Medio, y ya, de alguna manera extraña, siento una identidad con eso.

Si tuviera que escoger en qué reencarnar en otra vida futura, preferiría ser... ¡un perro! Me gustaría ser un perrito, pero los humanos les pagan muy mal a los perros.

En todo caso me gustaría reencarnar en un animal. Quizás un gato, algo como felino. O ser un pájaro. No me gustan los pájaros para tenerlos cautivos, pero sí me gustaría ser pájaro por lo que implica la facilidad para moverse y viajar.

Me gustaría más ser un animal, porque el ser humano no es tan divertido. Nos creemos mucha maricada, nos creemos muy superiores y yo no estoy muy segura de que eso sea tan así. Si fuéramos tan superiores no tendríamos tantos sentimientos tan malucos en el corazón y en el alma. Obviamente, soy humana, con todas las cosas que eso implica. Pero no me parece que sea como **tan divertido**.

«Mi perro era como mi hijo»

Tendrá que ver con mi soledad, que el perro que tenía antes se me volvió como el hijo. Andábamos juntos todo el día, para arriba y para abajo, y mi vida giraba en torno a que él tuviera bienestar.

Tenerlo en mi vida ha sido de las cosas más bonitas. Muy inteligente, muy noble. Los que tienen animales entenderán de qué estoy hablando. Se crean unos vínculos especiales. Sabemos que hay un código: ni el animal habla ni uno ladra, pero con la mirada se entiende.

Duró conmigo 9 años y medio. Era pura sangre y finalmente le dio cáncer y duró como seis meses enfermo. Cuando lo llevé al veterinario me comunicó que no había nada que hacer con él.

—Si mañana amanece, va a estar con un dolor impresionante y creo que va a tocar ponerle la inyección —dijo.

Me lo llevé para la casa a que se muriera cuando se tuviera que morir, de manera natural. Lo acosté en mi cama y estábamos ahí tranquilitos; yo le estaba dando suero. De pronto le dio como un paro cardiorrespiratorio y se ahogó. Lo abracé y le dije: "Vete tranquilo para el cielo de los perritos".

Y se murió. Lo dejé en la casa, le puse una velita y al otro día lo enterré.

Lo abrieron y tenía el hígado muy mal. Creo que le había afectado el cerebro, porque el último mes y medio o dos meses tuvo epilepsia. Le daban ataques. Y el día que se murió se le paralizó un lado.

Cuando murió lloré muchísimo pero lo acepté, sin egoísmo. El amor es eso. Es también desapego.

Eso me marcó. Las lecciones de vida del animalito fueron únicas. Uno madura con todo en la vida. Yo estaba programada para su muerte, porque me decían que esa raza solo vive unos 10 años.

Lo enterramos en Sopó, en una finca. Con un ex novio que era como "el papá del perro" lo enterramos y le sembré encima un sietecueros que le había comprado.

Cómo sería el amor que le tenía que cuando estaba perfecto, jovencito, yo decía: El día que se me muera este animal yo no sé qué voy a hacer. Viéndolo vivo, lloraba, y decía: "¡Ay, Diosito, no me vayas a quitar este perrito que es como lo único que yo tengo!"

Ser feliz con lo que uno tiene

Un lector no demasiado suspicaz se habrá dado cuenta ya, leyendo estas páginas, de que yo vivo con una carencia enorme en el plano de los afectos; con un pedazo que me falta; como aquellos pacientes a quienes les extraen un riñón y apenas notan su ausencia cuando el restante comienza a dar muestras de que también está fallando. He reservado hablar de este tema para el final, quizás porque psicológicamente todos tratamos de eludir los aspectos más oscuros de nuestra personalidad.

Sí, es obvio. A mí la falta de la familia y, la consecuencia de esto, que es la soledad, me pega muy duro. Me deprime y me hace llorar la soledad. Tanto, que el suicidio no ha sido una idea recurrente en mi vida, pero sí es una posibilidad que observo a lo lejos. Cuando me vienen esas depresiones me encierro, no salgo, no contesto al teléfono, no hablo con nadie y solo quiero dormir.

Pero me digo: listo, si uno quiere estar feliz tiene que ser feliz con lo que tiene, no con lo que debería tener, y aprender a aprovechar el día a día y las circunstancias y los momentos de la vida. Porque es evidente que la infelicidad está en esa tendencia tan humana a sacar cuentas siempre de lo que no se tiene: "Nunca me gano la lotería", "no consigo un marido maravilloso", "no tengo un trabajo donde no me exploten", "no tengo la nariz respingada", "no tengo unas nalgas como las de Jennifer López"... Tantas cosas de las que la gente carece.

Entonces yo caigo día tras día en el mismo error, en anhelar en todo momento la familia y la compañía que me complemente, pues últimamente vivo tremendamente sola. Y no es cuestión de tener miles de amigos ni nada de eso; de eso no se trata. Es el sentido de pertenencia con alguien, con algo, con unas circunstancias, con una situación; es eso lo que me hace falta. Y como no lo tengo, entonces ese vacío no me deja ser enteramente feliz.

No me resigno a aprender a ser feliz con lo que tengo. Y mucha gente me dice: "Ah, es que usted vive tan rico. No tiene quien la moleste ni quien la joda y entra y sale a la hora que sea".

Y bueno, dándole la vuelta al argumento, debo reconocer que sí, si bien he sido torpe y no he podido evolucionar en ese aspecto de mi vida, hago lo que quiero y como quiero. No poseo tanta libertad económica porque soy muy altruista y muy buena vida —si quisiera tener más dinero, saldría y me partiría el culo trabajando en lo que fuera por más plata—, pero para mí esa no es la cuestión, se trata de hacer lo que me gusta, de que sea feliz haciendo lo que hago. Entonces me invento mis negocios y vendo una cosa y otra.

Si el día de mañana me sale un trabajo en una empresa que me guste, como ha pasado en otras ocasiones, listo, de una. Yo estaba muy feliz trabajando en la multinacional, en relaciones públicas, y lo hacía muy bien. Coordinaba eventos y me iba muy bien. Pero como el jefe no me pudo comer, me echó.

Pero sí soy muy comprometida cuando laboro con empresas. El tema de la plata es irrelevante, pero tiene que ser una empresa que me guste.

En suma, si se tratara de hacer un balance de mi vida, yo hago lo que quiero, no hago nada que no quiera hacer, no digo nada que no quiera decir, si yo le digo "te quiero" a un hombre es porque lo estoy sintiendo en este momento. Salgo con quien quiero, a la hora que quiero, disfruto de mi casa, soy supremamente hogareña, no me veo obligada a nada, y no dependo ni de nadie ni de nada.

Entonces sí, de pronto debe ser ese el motivo: no soy feliz por absurda. Porque tengo que ser feliz con lo que tengo, no con lo que debería tener. Que no es nada material: es simplemente una situación.

Nada pasa porque sí

En realidad, he dicho toda la verdad sobre mis depresiones. Es algo que me viene como de familia. Pero ya no. Afortunadamente está como muy bien manejada a base de aromaterapia. Me imagino que me pasaba mientras entendía cosas de la vida; ya hoy las asumo como vienen y aprendo a sacar lo mejor de todo eso. Pero sí, era muy depresiva. Me decía un psicólogo: "Vos aprendiste a ponerte un disfraz con el que salís a la calle y a todo el mundo le dices: 'Bien, bien, todo muy bien'".

Nunca afectó mi vida tanto como para llegar a pensar en el suicidio. Pero tampoco para decir: "Yo nunca en la vida me suicidaría". Yo lo he pensado en muchas épocas. No es que haya hecho alguna vez alguna cosa. Lo consideré. Es que la vida me parece desagradecida, a veces. E injusta. Pero, también, hoy pienso: ¿quién es uno para saber qué es la justicia o la injusticia?

Ya aprendí a entender que hay cosas que pasan y nada pasa porque sí, y todo tiene un porqué y nada es coincidencia. Pero depresiva y todo, que haya atentado contra mi integridad o contra la de los demás, nunca. Solo lo he pensado. No creo que lo haría.

Tampoco es que me parezca una cosa horrible la muerte.

Obviamente, nada que tenga que ver con sangre ni nada de esas cosas violentas, ni que lo encuentren a uno vuelto pedazos y desangrado. Me parece asqueroso. No: una muerte como tranquila. Prendo el gas y ya. Que uno se quede dormido. Pero no lo haría por mi mamá. Tengo una amiga a quien se le suicidó el novio. Y el que se muere se murió, pero quienes lo sobreviven a uno quedan muy marcados. Los lazos con mi mamá hoy son sanos, no se merece eso. Pobrecita.

Pero no me parece horrible la idea. La razón de que la muerte no me parezca una idea horrible es que yo pienso que el cuento no termina acá. Algo tiene que seguir y ese algo es chévere. El infierno y el cielo están acá. Tú los vives acá. Si haces las cosas chéveres, vives bueno acá. Si haces las cosas jartas, en algún momento aquí también tendrás tu merecido.

La muerte de alguna forma me parece una especie de evolución. Digo yo, sin saber nada del tema, sin saber qué pasa al otro lado. Sin haber hablado con espíritus ni nada.

La "chiripiorca" de la soledad

Advierto: no se hagan una impresión falsa: a veces me afecta la soledad, pero son más los momentos de la vida en que vivo contenta. Estos ataques de soledad no los siento todos los días ni todos los años de mi vida. En cualquier momento me puede dar la chiripiorca de la soledad.

Además, esta soledad mía es buscada, fue elegida por mí de manera deliberada. No la vivo porque me tocó ni porque la vida no me haya presentado siquiera un marido para mí. No. Si hubiera querido casarme cinco veces y tener cinco hijos de cada uno de los hombres que me han propuesto matrimonio, lo habría hecho.

Pero yo decidí que no. Tener hijos es una responsabilidad muy grande y me parece que ninguno de los que he tenido fuera el papá ideal ni que estuviéramos en la circunstancia ideal. Entonces no.

Es una soledad escogida, pero igual golpea duro. Me hace llorar sobre todo el tema familiar.

Que mi papá esté aquí, en esta ciudad, y que sea como tan distante, que no permita entablar una relación.

Me hace llorar que mi mamá esté lejos.

Soy súper consentida y súper consentidora. Me entrego mucho en las relaciones. Mimo a mi pareja y me gusta que me mimen. Me gustan mucho las demostraciones de afecto. Me parece que la gente que es consentidora es sana, en alguna buena medida. Y si no encuentro eso en una relación, si no hacen eso conmigo, no hay nada para mí, me parece que no tiene sentido.

Pero también veo que nada es casualidad en la vida, todo tiene un porqué.

Igual, sé que por haber estado sola tanto tiempo me conozco medianamente un poquito más, en lo que soy como persona, de lo que se puede conocer mucha gente.

«El hombre que yo sueño»

Obviamente, si con ningún hombre ha prosperado la posibilidad de ir hacia algo más serio ha sido porque tampoco están hechos para ser papás. Y a mí el cuento de mamá soltera no me llama mucho la atención.

No sé. Cada vez me dan menos ganas de casarme. Me parece chévere vivir con alguien, pero es que no hay de qué hacer un caldo.

He dicho que no ha habido el papá ideal para mis hijos y no faltará quien se pregunte cómo es el hombre ideal para una mujer como yo.

Primero, tiene que ser un tipo que lo vea y me guste. Porque si a uno no le provoca darse ni siquiera un beso con esa persona para qué. Segundo, que sea el tipo con el que uno pueda tener una relación estable; que sea una persona comprometida. Tercero, que sea inteligente; que respete; que sea honesto; sincero; una persona con buenos valores, divertido, que se goce la vida, que sea consentidor, que sea comprometido, que tenga gusto, que sea trabajador... Todos los accesorios de forma y de fondo.

Y esto hace que cada tanto me pregunte: ¿estoy fallando en algo como persona?, ¿como ser humano?, ¿por qué no tengo a nadie al lado?, ¿será que no me soportan o será que no me soporto a nadie?, ¿o qué es lo que estoy esperando de la vida? Es con lo único que me cuestiono y que lo pienso por todos los lados.

Quizás haya sido porque no he hecho un círculo de amigos que se parezcan a lo que quiero. Una amiga me dice que estoy operando en un nicho de hombres que no son para nada como el que tengo en la cabeza. Pero es que, entonces, dónde se encuentra uno la gente chévere que sí es.

Si uno conoce es a la gente que se le va atravesando por la vida, a la que tiene que conocer. Y los traquetos, los matones, los ladrones hasta son mejores maridos que los ejecutivos pupis. No tiene nada que ver con el nicho ni con el tipo de gente que uno frecuente. El que ha de ser comprometido, el que respeta, el que tiene proyectos de vida con alguien, no importa la profesión que tenga, si es traqueto o testaferro o lavaperros o lo que sea.

«No soy fácil»

Yo sé que soy un *costalado* de defectos. No soy fácil.

Sin embargo, tengo muchos amigos, gente loca de la rumba, que se han casado y tienen hogares formales y hacen también locuras con sus mujeres. Y no sé si como un piropo o si lo dicen por decir, pero no creo, porque qué necesidad... Me dicen: "Si yo no estuviera casado muy seguramente tú serías la mujer con la que yo quisiera estar".

Me ha ocurrido cuando ya no están de rumba, sino cuando salimos a comer o a almorzar, en plan serio.

Esto me hace pensar entonces que sí, yo quisiera estar con alguien. Pero yo no voy a estar con cualquier tonto por estar acompañada. Eso sí lo tengo claro.

Casi lo hago con este novio con el que duré tanto, ahora último. Pero él, en resumidas cuentas, es un güevón.

Él no es nada de lo que yo pienso que me gustaría. Yo le propuse: "Organicémonos. Vive en mi casa, pues". Y no funcionó porque es tan inmaduro que le da susto el compromiso, y es una persona egoísta. Tanto que ni siquiera se permite compartir con alguien para estar bien.

Entonces, yo sí quiero estar con alguien, pero alguien que más o menos dé la talla. Porque para uno estar ahí con un tonto, y rayado todo el tiempo, no aguanta. Para eso sigo sola.

¿Qué es malo?

Puede sonar pretencioso, pero yo no tengo conflicto con nada en la vida. Con lo único que tengo conflicto y que peleo con la vida es con el hecho de estar sola.

Pero tener sexo por alguna retribución, así no sea en plata, no me genera ningún tipo de conflicto. Porque es que yo no tengo sexo con alguien que no me guste. Puede tener toda la plata del mundo y si no me gusta no lo hago. Para eso hay que tener una ética y tener claras muchas cosas.

Para mí el sexo, lo repito, es un tema de la piel. No quiero hacerlo con cualquiera ni todos los días ni porque sí, ni por necesidad física ni nada. Y cuando tengo los encuentros sexuales con alguien por placer, por amor, por interés o por lo que sea, me parece chévere.

Yo no considero, desde ningún punto de vista, que esté haciendo algo malo.

Malo es, por ejemplo, ser mentiroso. Malas son ese tipo de personas que sueltan mentiras por todo, todo el día y a cada rato. Ser deshonesto es malo; uno puede ser hasta un ladrón, pero puede ser honesto. Eso de mirar a ver en qué momento se descuida el prójimo para darle por la cabeza, eso me parece malo. Y los más malos, los peores, me parecen aquellos que abusan de los animales. De buena gana los colgaría. Eso me parece terrible.

Epílogo

Yo soy más espiritual que materialista. Creo en Dios. Sin embargo, no creo en la versión cristiana del origen de la existencia ni de todo el universo. Para mí, todo tiene un origen físico, porque la idea de que Dios llegó e hizo todo esto, el cielo y la tierra, en una sola semana, no, eso no.

Tampoco creo que yo tenga prejuicios basados en la religión, como eso de que uno no hace tal o cual cosa en esta vida porque Dios qué va a pensar, no. Quizás en estas páginas ya haya quedado suficientemente claro.

Creo en un Dios que tiene que ser el papá de nosotros. Puede sonar absurdo, pero presiento que la vida en este planeta es un experimento. Aquí llegó la vida y se dio, retoñó. Vinimos por azar del destino a este planeta, o caímos, o nos mandaron aquí a ver si pegaba y pegó. Y más o menos en ese orden de ideas, el Dios ese de afuera pues como que nos observa. Debe ser como un mentor de nosotros por allá.

Yo creo en él y le doy las gracias, y peleo con él porque hay vainas que me parecen injustas. Le doy las gracias por lo que me concede. Bueno, ya no le pido, porque me imagino que no se le debe pedir. Además, hay que saber pedir. Hay que tener como la técnica, pero yo no la sé.

Si muriera en este instante, no me importaría lo que la gente pensara de mí. Me importa cinco lo que la gente opine de mí; me tiene sin cuidado.

¿Por qué creen que hablo de todo esto? ¿Acaso qué pasa con eso? ¿Qué puede pasar que alguien conozca las cosas que he hecho? Nada. A mí, en particular, no me importa que conozcan mis intimidades. Son como conocer a otra persona con una cantidad de cosas que o no te las imaginabas o ya las habías visto u oído. Cuando me propusiste que te hablara para este libro pensé: tiene que ir con mi nombre propio; no con seudónimo. Porque es que yo no vivo de nadie. Si yo estuviera casada o tuviera hijos o algo así, pues bien. Pero no.

Después lo pensé mejor. Hay demasiada gente en estas páginas a quienes de pronto podría afectar de alguna forma si publicara mi nombre.

Dicen que uno cuando está a punto de morir hace un rapidísimo repaso de ciertos eventos, ciertos lugares y ciertas personas de la vida que fueron clave. Lo que yo comprendería, sin duda, en ese momento, con la experiencia que he acumulado hasta hoy, es que perdí mucho tiempo de mi vida. Y vería tres imágenes, mi papá y mi mamá, mi perro y mi último novio. La muerte de mi perro es uno de los momentos que me han marcado con más fuerza. Tal vez porque ocurrió recientemente.

Si muriera y fuera al cielo, me gustaría que Dios, cuando me viera, pensara que fui alguien que hizo lo que quiso, cuando quiso y como quiso; que disfrutó la vida, aunque no tanto como debiera.

Y, por último, si tuviera que escoger un epitafio para mi tumba, sugeriría este:

"No fue tan feliz, pero se divirtió".

Anexo: El kamasutra de Paula O.

* No hay unos posibles diez mandamientos de cómo hacer bien el amor, por la sencilla razón de que eso nunca es igual con todo el mundo. Uno tira diferente con cada persona.

* Con quien uno quiere, uno siente diferente. Con quien uno quiere, hay más libertad y a la vez se involucra uno más. La persona que me gusta, me mueve el corazón y la cabeza también, además del sexo.

* No me involucro con personas solo por el físico. Eso no me motiva. Yo no sufro de "calenturas" de esas de que uno se coma lo que se le atraviese. ¿Un tipo que uno diga: qué rico comérselo porque está muy bueno? Rotundamente NO.

* Tirar por tirar no es la gracia.

* Ser buen polvo depende mucho de lo que a cada hombre o mujer le guste. Hay que descubrirlo en

cada ser humano. Uno no es buen polvo en abstracto ni porque sí.

* Cada hombre y cada mujer en la cama tienen un ritmo. A unos les gusta más rápido, a otros más despacio. Uno lo detecta en la respiración de la persona, en las muestras de mayor o menor satisfacción que hace. Ojos abiertos, oídos despiertos.

* Cada hombre y cada mujer tienen una intensidad para el sexo. Unos quieren fuerte, otros suave. Unos con brusquedad, otros con delicadeza.

* Obviamente, cada hombre y cada mujer tienen unos puntos sensibles, que varían. Si se trata de lograr que no nos olviden, hay que tener la paciencia y la curiosidad, y la generosidad, para descubrirlos, explorarlos y aprender a excitarlos. Dos hombres pueden sentir excitación con el sexo oral, pero a uno le puede encantar que lo degusten con la lengua como si fuese un helado, y a otro que lo succionen como si se tratara de un biberón.

* Siempre lo primero (lo imborrable para el otro) es hacerlo feliz.

* Cada hombre y cada mujer tienen en la cama unos ritos, rubores y procedimientos. Ser buen amante implica captarlos, respetarlos y aprender a manejarlos. "Apaga la luz". "Ahí no porque siento cosquillas". "Por ahí me duele". Son expresiones de

particularidades que piden comprensión y mucha paciencia. Si no es esta vez, será la próxima, es una filosofía que puede llevar a puntos más felices para la pareja que el forzar las cosas.

* Si tu pareja lo disfruta, *habla*. Las palabras son magia al oído, cuando son dichas en el momento perfecto. Si te piden callar, calla.

Glosario

abeja: alerta, despierto, vivaracho.

alegar: discutir de forma reiterada y molesta.

arepear: relación sexual entre dos mujeres. *Areperas*, lesbianas.

bacán: así se le llama al tipo amplio, generoso, que se lleva bien con todo el mundo.

bacanería: algo muy bueno. Lo que hace el *bacán*.

bacano: así se califica lo que es bueno, muy bueno, chévere.

berraquera: cólera, enfado, mal genio. Valor, arrojo. Obstinación, terquedad. En ocasiones maravilla, algo muy bueno.

bluyiniar: simular el acto sexual con la ropa puesta. Tener sexo sin quitarse la ropa.

brincona: mujer traviesa, casquivana.

buena: mujer de carnes y formas exuberantes.

camellar: trabajar.

camello: trabajo. Trabajo pesado. Actividad desagradable que resulta repentinamente.

chimbo: cosa falsa o carente de valor.

chino(a): niño(a). Hijo(a).

chupetear(se): besarse apasionadamente.

compinchera: que disfruta tener muchas amistades.

comerse a alguien: tener sexo con alguien.

contestona: que responde de mala forma.

cortar los servicios: interrumpir una situación favorable que se venía dando. Se dice cuando él o ella dejan de tener sexo con su pareja en retaliación por algo.

costalado: un costal lleno de cosas, una cantidad de cosas.

cuadrar(se): ennoviarse, establecer una relación sentimental.

cuca: sexo de la mujer.

culada: algo tonto, insignificante, poco interesante.

culiada(do): que ha tenido sexo.

culiar: tener relaciones sexuales.

de una: de una vez.

drogo: drogadicto, adicto a las drogas psicotrópicas.

empepado, a: que ha consumido "pepas", drogas psico-activas del tipo LSD (ácido) o éxtasis, que vienen en pastillas y comprimidos, aunque también se comercializan ácidos en papel impreso con la sustancia.

encarretar(se): entusiasmar o entusiasmarse; dejarse llevar por determinado asunto.

enchimbada(do): afortunada(o); que tuvo buena suerte.

enguayabado: con *guayabo*, resaca.

ennoviar(se): ser novios, tener relaciones amorosas con alguien, enamorarse.

enredador: *encarretador*, que convence y seduce.

estar montadísima: tener la vida económicamente resuelta.

freelancear: hacer trabajaos como *free lance*, o sin contrato laboral, por encargo.

gañán: joven vulgar, patán.

gas, fuchi-fó: expresión de asco supremo, con cierto matiz de clase de parte del hablante. Se dice también por partes, con el mismo sentido: *gas, fuchi-fó*, e incluso *fó* solo.

gil: persona rústica.

gocetas: persona a la que le gusta disfrutar.

guayabo: resaca; malestar físico subsiguiente a una borrachera.

güevon: tonto, bruto, apendejado.

güevonada: asunto insignificante.

harto: mucho. Muchísimo. *Ej*: aguantar harto.

jartera: borrachera. Aburrimiento, fastidio, sentir hastío hacia algo.

joder: molestar, importunar.

jodón, jodona: que molesta, intenso(a); insoportable.

líchigo: tacaño, *michicato o chichipato*.

lichiguiarse: ser tacaño.

llave: amigo, compañero.

loba: mujer exhibicionista, mostrona.

malaclase: mala persona, maleducado, de baja estofa.

maluco: malo. Estar enfermo.

mamar gallo: pasarla bien, vacilar, burlarse. Estar inactivo.

man: tipo, hombre.

manes: hombres.

mañe: ordinario, de mal gusto.

maricada: referido a una cosa: muy fácil de hacer. Estupidez. Pérdida de tiempo.

marranear: aprovecharse de alguien. La expresión proviene de "coger de marrano" a alguien.

meter las patas: dejarse embarazar. Expresión usada por las mamás para advertir a sus hijas de los peligros del embarazo.

meterse al rancho: inmiscuirse en los asuntos íntimos de alguien.

nosequiencita: persona cualquiera, fulana.

paquete chileno: engaño.

paraco: militante o perteneciente a los grupos para-militares ilegales de extrema derecha.

paraquines: eufemismo de *paracos*.

parche: grupo de amigotes, gallada.

Pegarle al perro: dar en el blanco, conseguir lo que uno se propone.

pelao: niño, joven, muchacho.

perecosa: que pone mucho pereque.

perro: hombre enamoradizo, promiscuo, infiel, mujeriego.

pone-cachos: adúltero(a).

poner cara de ponqué: estar feliz

poner pereque: molestar, ser impertinente.

pupi: joven de alta clase social, consentido y mimado.

putiada: insultada; mujer inducida a la prostitución.

rayado: loco.

rayador: enloquecedor.

recoger: ir por una persona al lugar que ella indique. Por lo general pasar por alguien en automóvil.

regalado, da: el que se ofrece a hacer algo gratuita y prontamente con el evidente propósito de ganarse un favor futuro.

revaciada, do: ver *vaciada(do)*

rumba: fiesta.

sonsacadora: que sonsaca, abusa.

tirar: acto sexual.

torcido: negocio ilegal.

traqueto: mafioso, traficante, narcotraficante.

vaciada: regaño enérgico, reprimenda.

vaciada(do): persona que se encuentra sin dinero, en la inopia.

veintejuliera: lumpen, de baja estofa, de poca clase.

vieja: genérico de mujer adulta. En Colombia se dice, de manera más o menos inconsciente, "las niñas" como una denominación de género, sin importar la edad, a las mujeres adultas cuando están presentes, y "las viejas" cuando no lo están. Pero hoy incluso muchas mujeres hablan de una congénere como "esa vieja", sin que la expresión haga referencia a la edad.

voliar: trabajar

volión: de una, en un solo gesto o acto.